Dan Siluan

Gott hinter Gittern

Dan Siluan

Gott hinter Gittern

*Mein Weg vom Straftäter
zum Ikonenmaler*

Mit einem Vorwort von
Weihbischof Josef G. Plöger

Herder
Freiburg · Basel · Wien

Zur Abbildung auf dem Buchumschlag:
Christus, das heilige Antlitz
Mit ernster Miene und unendlich gütig blickenden Augen
gibt die Ikone das Antlitz Christi wieder,
der nicht gekommen ist, um zu richten,
sondern daß die Welt durch ihn gerettet werde.
(Gemalt im Mai 1991)

Gewidmet ist dieses Buch

den Menschen, die ihre Freizeit opfern,
um Straffälliggewordenen Hilfe
und Zeichen der Hoffnung zu sein;
aber auch jenen,
die ihre Arbeit im Strafvollzug
als Lebensaufgabe verstehen
und trotz all der negativen Erfahrung
den Glauben an das Gute im Menschen
nicht aufgeben.

Vorwort

Von Weihbischof Josef G. Plöger

Seit Jahrzehnten besuche ich Strafgefangene. Damit verknüpfen sich viele Erinnerungen an menschliches Versagen, aber auch an neue Aufbrüche zum Guten.

Einer sagte: „Wir wissen, daß Sie uns hier nicht vorzeitig herausholen können, aber Ihr Kommen bedeutet für uns: Wir sind nicht vergessen." Viele sind tatsächlich vergessen oder fühlen sich zum mindesten abgeschrieben. Einsamkeit, Verbitterung, das Gefühl der Hilflosigkeit, auch Verdrängung der Schuld durch Rausch, Drogen, Tagträumereien füllen Stunden, Tage, Jahre. Gewiß kümmern sich viele um Gefangene: Seelsorger und Beamte, Psychologen und Betreuer, freiwillige Helferinnen und Helfer und engagierte Organisationen. Dennoch bleiben Leerräume, lange Nächte, Wut auf sich selbst oder andere, Gewissensnöte, Zukunftsangst und Trauer.

Dasein, zuhören, sprechen miteinander ohne Aufdringlichkeit, Leid und Freude teilen, selbst das kleinste Zeichen guten Willens beachten, tröstend aufrichten zu neuer Hoffnung – das wird als Zeichen verstanden, nicht vergessen zu sein. Es sind geringe menschliche Zeichen für eine darüber hinausgehende Wirklichkeit, für den immer und überall anwesenden Gott. Er, der sich „Ich bin da" nannte, hört, spricht, tröstet, richtet auf in der behutsamen, doch wirksamen Weise des schenkenden Helfenden: „Selbst wenn eine Mutter ihr Kind vergessen würde:

Ich vergesse dich nicht" (Jes 49,15). Er, der liebt bis zum Äußersten, gibt keinen auf. Er weiß um das Böse, aber ebenso um das – selbst das verborgenste – Gute im Menschen. Er führt durch Irrungen und Wirrungen hindurch. Sturm, Beben, Glut mögen Vorboten seines Kommens sein, doch gewinnend spricht er aus der Stille (vgl. 1 Kön 19,11–13) und führt zu jener bergenden Ruhe, die zärtlich ein Psalm umschreibt: „Wie ein Kind an der Brust der Mutter ist meine Seele still in mir" (Ps 131,2).

Daß dies kein utopischer Wunschtraum ist, sondern Wirklichkeit werden kann, zeigt das vorliegende Buch. Ein außergewöhnliches Buch! Es läßt das Geschick eines Menschen miterleben, dem die Tiefen von Schuld, Frust und Resignation ebensowenig fremd sind wie die aus eigener Hilflosigkeit geführte Umkehr zu Gott und zu Menschen, die Kraft des Gebetes und die Erleichterung, die ein erneuertes Leben schenkt. Gnade wird greifbar, geradezu ablesbar.

Denn die Schilderung des Lebens ist durchwoben durch das Mühen, Ikonen zu malen: zunächst, um die freie Zeit sinnvoll zu nutzen, um interessante Techniken zu lernen, um im Gefängnisalltag nicht zu versumpfen, dann aber allmählich in der Erkenntnis, daß Ikonenmalerei ein heiliges Handwerk ist, das ohne Gebet und religiöses Leben die eigentliche Dimension nicht freigibt, Heiliges zu vergegenwärtigen. Ikonen sind sichtbare Verkündigung.

Mit den beharrlichen Versuchen der Malerei, oft erschwert durch die Erfahrung eigener Unfähigkeit, steigerte sich langsam das Gebet im ständigen Ringen mit Gott. Der schlichte Ruf, das andauernde Jesusgebet, der betrachtete Rosenkranz, das Stundengebet der Kirche, die geistliche Schriftlesung und die aufrichtige Beichte führten zu jener Tiefe, die erkennen ließ: „Bei dir, Gott, ist die Quelle des Lebens" (Ps 36,10). Diese Quelle offenbarte sich als Liebe.

Wunden heilen, Narben bleiben. Sie können wieder schmerzen und aufbrechen. Der Weg mit Gott führt von Station zu Station. Jede ist wertvoll, aber noch nicht das Ziel. Wer sich jedoch auf den Weg macht, dessen Leben ist auf Hoffnung gestellt: Gott führt zum Ziel, wenn ein Mensch sich ihm nicht verweigert. Denn Gott bleibt seinem Heilswillen treu. Er übt Nachsicht und Erbarmen.

So mutet das Buch „Gott hinter Gittern" an wie ein Kommentar zu Ps 116,3–7:

> Mich umfingen die Fesseln des Todes,
> mich befielen die Ängste der Unterwelt,
> mich trafen Bedrängnis und Kummer.
>
> Da rief ich den Namen des Herrn an:
> „Ach Herr, rette mein Leben!"
>
> Der Herr ist gnädig und gerecht,
> unser Gott ist barmherzig.
>
> Der Herr behütet die schlichten Herzen;
> ich war in Not, und er brachte mir Hilfe.
>
> Komm wieder zur Ruhe, mein Herz!
> Denn der Herr hat dir Gutes getan.

Das Buch schenkt Ermutigung, den Umkehrruf Jesu Christi zu hören und den Weg geistlicher Erneuerung trotz mancherlei Schwierigkeiten zu gehen. Es ist ein Weg in die Freiheit. Weder Gitter noch andere Hindernisse halten die rettende Gegenwart Gottes auf.

Jedem, der im Vertrauen auf Gottes Führung und Fügung den Weg in die verheißene und geglaubte Zukunft geht, gilt: „Gott läßt dich nicht fallen und verläßt dich nicht" (Dtn 31,6).

Inhalt

Verzeichnis der abgebildeten Ikonen
von Dan Siluan

Die Vorgeschichte

Dieses Buch beginnt mit dem Urteil des Schwurgerichts: lebenslänglich. Schon oft bin ich gefragt worden, wie es dazu kam. Eigentlich war es nicht meine Absicht, mein Leben vor dem Strafvollzug in das Manuskript einzubeziehen, denn ich möchte vermeiden, daß die durch meine Straftaten betroffenen Menschen erleben, wie der Straftäter von einst, der soviel Angst und Leid verursacht hat, der sogar für den Tod eines Menschen verantwortlich ist, nun in irgendeiner Weise herausgestellt erscheint. Mir ging es ausschließlich darum, den ungewöhnlichen Weg eines auf die schiefe Bahn geratenen Menschen aufzuzeigen. Ein Weg, der so nur möglich wurde durch die konsequente Hinwendung zu Gott.

In der Zwischenzeit, nachdem die von mir gemalten Ikonen mehrfach in der Öffentlichkeit zu sehen waren, ist von verschiedener Seite Interesse an dieser ganzen Entwicklung bekundet worden. Besucher stellten immer wieder die Frage, wie ich ausgerechnet im Gefängnis zu dieser Malerei gekommen bin und wie man das macht: Ikonen malen. So entschloß ich mich, meinen Weg vom Straftäter zum Ikonenmaler aufzuschreiben. Dabei soll auch kurz auf meine Vorgeschichte eingegangen werden, um deutlich werden zu lassen, daß trotz einer negativen Lebensentwicklung auch im Gefängnis eine Wende möglich sein kann. Ich vergesse nicht die Worte eines leitenden Beamten, der sagte: Meine Entwicklung sei der beste Beweis dafür, daß man einen Menschen nicht aufgeben sollte.

Aufgewachsen bin ich in einem saarländischen Dorf. Als Kind einer Arbeiterfamilie verlief mein Leben bis kurz vor der Schulentlassung wie bei vielen meiner Altersgenossen. Doch mein Hang zum Abenteuerlichen und meine Vorliebe für alles, was schießt, brachten mich ins Jugendgefängnis. Nach der Entlassung arbeitete ich zunächst in einer keramischen Fabrik und ging danach als Schlosser auf Montage. Fertigkeiten auf diesem Gebiet hatte mir die Jugendstrafanstalt vermittelt. Die Folge war ein unruhiger und haltloser Lebensstil. Nachdem ich geheiratet hatte, kam mehr Ordnung in mein Leben. Es gelang mir sogar, im Öffentlichen Dienst angestellt zu werden.

Eine weitere, anfangs nicht ganz ernstgemeinte Bewerbung brachte mich zur Polizei – eine einschneidende Wende in meinem bisherigen Leben. Fest entschlossen, etwas Ordentliches aus meinem Leben zu machen, kam es doch völlig anders. Nach einer verkürzten Ausbildungszeit mußte ich ernüchtert feststellen, daß das Verhalten mancher Kollegen nicht den Idealvorstellungen des Berufsstandes entsprach. Ich kam in eine Dienstgruppe, in der kleinkriminelle Verhaltensweisen an der Tagesordnung waren. Als Dienstanfänger hatte ich nicht den Mut, etwas dagegen zu unternehmen. So wurde ich in dubiose Machenschaften und ungesetzliche Handlungen verstrickt, auch eine Versetzung in einen anderen Dienstbereich änderte nichts daran.

Nach einigen Dienstjahren, mit negativen Erfahrungen jeglicher Art, kam es zum Scheitern meiner Ehe. Eine neue Beziehung und der Entschluß, den Dienst zu quittieren, um im Ausland ein neues Leben zu beginnen, führte nur zum weiteren sozialen Absturz. Der vorläufige Tiefpunkt war ein Überfall auf einen Supermarkt. Die Folge dieser gescheiterten Geldbeschaffungsaktion für den beabsichtigten Neubeginn war eine mehrjährige Freiheitsstrafe.

In der Haft reifte der Entschluß, nun das ganz große Ding zu drehen. Das war eine Illusion, denn das bei mehreren Straftaten erbeutete Geld reichte nicht aus, meine inzwischen gestiegenen materiellen Ansprüche zu befriedigen. Höhepunkt meiner relativ kurzen kriminellen Karriere war ein Banküberfall, bei dem die Polizei schneller, als einkalkuliert, am Tatort erschien. In dieser Situation kam es zu einer Geiselnahme. Die daraufhin sich über Stunden hinziehenden Verhandlungen mit der Polizei endeten damit, daß ich einem Bankangestellten ins Bein schoß, um einen Fluchtwagen zu erpressen. Die Flucht war zunächst erfolgreich, doch nach einigen Tagen gelang es der Polizei, mich zu verhaften. Später mußte ich erfahren, daß der Bankangestellte an den Folgen der durch mich erlittenen Schußverletzung gestorben war. Wieder war ich im Gefängnis gelandet, mein Leben schien verpfuscht und gescheitert.

Im Hochsicherheitstrakt

Es war an einem Apriltag, als der Vorsitzende Richter des Schwurgerichts das Urteil verkündete, das mich für viele Jahre der Justizgewalt unterstellte. Ich war fünfunddreißig Jahre alt und stand noch ganz unter dem Eindruck der sich wochenlang hinziehenden Gerichtsverhandlung. Von erheblichen Schuldgefühlen belastet, empfand ich das Urteil als durchaus gerecht. Und doch war es ein Schock, auch wenn ich mit einem solchen Urteil gerechnet hatte, ja es sogar selbst gefordert hatte. Vom Untersuchungsgefängnis kam ich, als gefährlich geltend, in den sogenannten Hochsicherheitstrakt einer Strafvollzugsanstalt, wo ich die folgenden drei Monate unter besonderen Haftbedingungen verbrachte.

Es dauerte eine gewisse Zeit, um das Urteil in seiner ganzen Tragweite zu erfassen. Mindestens zwanzig Jahre hinter Gittern zu verbringen, das bedeutete, daß ich das Gefängnis als alter Mann verlassen würde. Der Tagesablauf im Trakt bot wenig Abwechslung. Der Kontakt zu Mitgefangenen war eingeschränkt und Sicherheit das oberste Gebot. Ich war mir bewußt, daß diese verschärfte Haftform nicht von langer Dauer sein würde und daß ich sie durchstehen müßte. So beschäftigte ich mich mit der Schreibmaschine, die man mir belassen hatte. Arbeit gab es keine, also begann ich, an einer Geschichte zu schreiben, um damit den Tag auszufüllen. Die Zeit des

Hofgangs benutzte ich, um mich durch Sport körperlich fit zu halten.

Nach drei Monaten wurde ich vom Hochsicherheitstrakt in die sogenannte Mutter-Haftanstalt verlegt; das ist die Vollzugsanstalt, in die der Strafgefangene nach vorübergehenden Verlegungen immer wieder zurückkehrt. Mir war klar, daß ich mich zunächst auf einige Jahre mit Einschränkungen im Haftvollzug einrichten mußte, bevor die Zeit in irgendeiner Weise für mich arbeiten würde. Nur wenn ich über Jahre durch entsprechendes Verhalten gezeigt hätte, daß ich nicht so gefährlich war, wie man annahm, würde sich mein Bewegungsspielraum vergrößern und der Vollzugsablauf lockern.

Froh, dem Trakt entronnen zu sein und dem normalen Strafvollzug eingegliedert zu werden, erwartete mich in der neuen Anstalt eine Überraschung. Alle erdenklichen Sicherheitsmaßnahmen hielt man für mich bereit, und vom normalen Vollzug war ich weiterhin ausgeschlossen. Das war eine bittere Pille! Sich dagegen aufzulehnen, hatte aber keinen Sinn. Meine bisherigen Erfahrungen sagten mir, daß eine Beschwerde zwecklos wäre. Sich in einer anderen Form dagegen aufzulehnen, würde die Anstaltsleitung in ihrer negativen Einschätzung lediglich bestätigen. So versuchte ich mich mit dem Gedanken zu trösten, daß auch diese Zeit vorübergehen würde. Nach einigen Monaten wies man mir eine Tätigkeit in einem der Werkbetriebe zu. Man war mit meiner Arbeit zufrieden und ließ mich weitgehend in Ruhe.

Vom Sport und allen sonstigen gemeinschaftlichen Veranstaltungen ausgeschlossen, nutzte ich die tägliche Freistunde, um mich sportlich zu betätigen. Dies erregte bei der Anstaltsleitung Argwohn. Man wollte von mir wissen, was ich damit bezwecken würde. Äußerst mißtrauisch unterzog man meinen Haftraum einer verstärkten Kontrolle. Ständig wurde mir unterstellt, ich hätte die Absicht auszubrechen.

Versuche, Mitgefangene auf mich anzusetzen, um etwas über meine Absichten zu erfahren, scheiterten an meinem konsequenten Verhalten, mich auf niemanden einzulassen. Dies war reiner Selbstschutz, denn Kontakte zu Mitgefangenen bringen immer die Gefahr mit sich, daß man denunziert wird. Mein Verhalten verunsicherte die Anstaltsleitung offensichtlich so sehr, daß meine Verlegung in eine andere Haftanstalt, wie ein mir wohlgesonnener Bediensteter mir erzählte, mit allen Mitteln betrieben wurde. Daraufhin beantragte ich ein persönliches Gespräch mit dem Anstaltsleiter. Von seiner Seite wurde ein solches Vorhaben bestritten, doch wollte er wissen, woher ich diese Information hätte, was ich natürlich ablehnte. Vom besagten Bediensteten erfuhr ich einige Tage später, daß das Vollzugsamt den Antrag der Anstaltsleitung zurückgewiesen hatte.

Da man mich aber loswerden wollte, griff man zu einem bewährten Mittel. Ein bereitwilliger Gefangener behauptete nun ganz offiziell, daß ich die Absicht hätte, mittels Geiselnahme meine Freilassung erpressen zu wollen. Um seine Behauptung glaubwürdiger erscheinen zu lassen, präsentierte er Details meines angeblichen Vorhabens. Nun war auf Umwegen das Ziel erreicht. Ich landete nach zwei Jahren wieder im Hochsicherheitstrakt der ersten Vollzugsanstalt, diesmal jedoch mit dem Vermerk „Ausbruchsgefahr". Es folgten wieder einige schwere Monate im Trakt. Ich war voller Wut auf die Justiz und ihr rigoroses Vorgehen, denn was man mir da eingebrockt hatte, verschob jeglichen positiven Ausblick wiederum um Jahre.

Nach dieser Zeit transportierte man mich, eskortiert

von Beamten des Spezialeinsatzkommandos der Polizei, in die Justizvollzugsanstalt Rheinbach. Angekündigt als besonders gefährlicher Bursche, hielt man auch in Rheinbach bei mir alle erdenklichen Sicherheitsmaßnahmen für erforderlich. Bei der Staatsanwaltschaft erstattete ich eine Anzeige, um die Hintergründe der äußerst dubiosen Angelegenheit gerichtlich überprüfen zu lassen. Außerdem reichte ich beim Vollzugspräsidenten mit Hilfe eines Rechtsanwalts eine Dienstaufsichtsbeschwerde ein.

Nach mehrfach widersprüchlichem, um nicht zu sagen lächerlichem Hin und Her wurde nach Monaten die Anzeige mit der Begründung eingestellt, der Name des Informanten sei der Anstaltsleitung nicht mehr bekannt. Die Untersuchung von seiten des Vollzugspräsidenten nahm einen anderen Verlauf und führte zu einer schriftlichen Bestätigung, daß die gegen mich vorgebrachten Anschuldigungen gegenstandslos gewesen waren. Damit war ich in gewisser Weise rehabilitiert.

In Rheinbach bekam ich eine Zellenarbeit zugewiesen. Meine Tätigkeit beschränkte sich auf das Zusammensetzen von Filz- und Kugelschreibern. Es war eine wahrhaft ausfüllende Tätigkeit, destruktiv und stupide! Auf Druck des Anwalts wurden einige Sicherheitsmaßnahmen gelockert, so daß ich nach einem Jahr in einem der Anstaltsbetriebe eine bessere Beschäftigung bekam.

Inzwischen hatte sich in mir ein gewaltiger Frust aufgestaut, weil ich immer wieder mit unbegründeten Schwierigkeiten konfrontiert wurde. An ein halbwegs normales Vollzugsleben war nicht zu denken, immer wieder gab es Probleme. In Abständen kam es von seiten der Justiz zu besonderen Durchsuchungsaktionen, weil ich durch Mitgefangene denunziert wurde, die sich irgendwie hervortun wollten oder Vorteile davon versprachen. Diese ständigen negativen Erfahrungen blockierten mein Bestreben, mich auf ein geordnetes und überschaubares Vollzugsleben einzustellen, um auch selbst zur Ruhe zu kommen. So entwickelten sich zwangsläufig Fluchtgedanken, über die ich freilich mit niemandem sprach.

Bei meinen Überlegungen wurde mir aber sehr schnell klar, daß eine Flucht meine Situation nicht wesentlich verändern würde. Auf längere Zeit war es so gut wie ausgeschlossen, sich innerhalb Europas aufhalten zu können, ohne der Polizei ins Netz zu gehen. Ich wäre gezwungen, zur Bestreitung meines Lebensunterhalts Straftaten zu begehen, denn über Jahre illegal einer Beschäftigung nachgehen zu können, dürfte illusorisch sein. Ein solcher Weg kam für mich also nicht in Frage.

Ein Überleben außerhalb Europas wäre vielleicht denkbar gewesen, wenn von staatlicher Seite ein entsprechender Schutz zugesichert würde. Dafür müßte man jedoch eine Gegenleistung erbringen. In Frage kamen einige arabische Länder, denen ich mich dann aber ausliefern müßte. Faktisch würde dies bedeuten, an Aktivitäten beteiligt zu werden, die sich mehr oder weniger gegen gegnerische Staaten richten würden. Dabei wären terroristische Aktionen nicht ausgeschlossen, da ich auf diesem Sektor spezielle Kenntnisse besaß. Auf Gedeih und Verderb wäre ich abhängig und müßte tun, was man von mir verlangte. Mir schien dies die einzige Möglichkeit zu sein, meine auf Dauer desolate Situation zu verändern. Also machte ich mir Gedanken, wie eine unauffällige Kontaktaufnahme mit entsprechenden Leuten zu bewerkstelligen sei.

Eine unerwartete politische Veränderung in einem arabischen Land, das dem ehemaligen Erzfeind Amerika nun plötzlich seine Freundschaft anbot, machte mir deutlich, auf welch unsicherem Boden mein Vorhaben stand. Eine Alternative zu meinen Fluchtgedanken gab es nicht. Es blieb nur noch die Möglichkeit, mich auf die lange Haftzeit einzustellen.

Nachdem ich zu dieser Einsicht gekommen war, stand ich vor der Frage, wie die Zukunft am besten zu bewältigen sei. Inzwischen war ich vierzig Jahre alt geworden und hatte mich damit abgefunden, noch viele Jahre hinter Gittern leben zu müssen. Diese Zeit einfach abzusitzen und dabei eine mehr oder weniger gleichgültige Tätigkeit auszuüben, kam für mich nicht in Frage. Es galt, der Zeit in irgendeiner Form Sinn zu geben.

Zunächst beschloß ich, um nicht wieder zwischen die Räder der Justizmühle zu geraten, mich noch mehr abzusondern und Kontakte nur auf das Allernotwendigste zu beschränken. Dann merkte ich, daß der Fernseher, den ich mir inzwischen zugelegt hatte, kein geeignetes Mittel war, um die Freizeit auszufüllen. Überhaupt schien mir der Fernseher mehr ein Instrument der Haftverschärfung zu sein. Er wirkt auf Aktivitäten, gleich welcher Art, regelrecht lähmend. Eingesperrt in der Zelle, konnte ich mich der Anziehungskraft, die das Gerät auf mich ausübte, nicht entziehen. Ich saß davor, ließ mich regelrecht davon berieseln und schaltete es irgendwann in der Nacht frustriert wieder ab. Immer wieder den Vorsatz fassend, nur ganz bestimmte Sendungen anzusehen, übte das Gerät seine gleichbleibende Macht aus. So überlegte ich hin und her, was als sinnvolle Freizeitbeschäftigung in Frage käme, denn irgendetwas mußte ich tun, um nicht ständig der Macht des Fernsehens ausgeliefert zu sein.

Tagsüber arbeitete ich in der Buchbinderei. Die Arbeit war nicht übel, da Flexibilität und Kreativität gefordert wurden. War man eingearbeitet, hatte man einen relativ großen Freiraum und konnte selbständig arbeiten. Als gelernter Metallhandwerker übernahm ich die Wartung der Maschinen und betreute zudem das Lager. Es war eine Arbeit, die mir zusagte. Die Entlohnung entsprach der im Strafvollzug üblichen Norm, man konnte damit auskommen. Ich hatte im Monat etwa 150 DM zur Verfügung, womit ich beim Kaufmann, der zweimal im Monat in die Anstalt kam, Lebensmittel einkaufen konnte, um meine Verpflegung aufzubessern. Offen blieb nach wie vor die Frage, wie die verbleibende Freizeit am besten zu gestalten sei.

Handwerklich begabt, lag es nahe, irgendeine Basteltätigkeit auszuüben. Das Feld der Möglichkeiten war recht groß, und so beantragte ich zunächst eine Genehmigung, um mir entsprechendes Werkzeug zulegen zu können. Mein Antrag wurde abgelehnt. Statt dessen wurde mir Zeichnen und Malen genehmigt. Dabei wurde nicht gefragt, ob dafür überhaupt Interesse vorhanden war.

Zeichnen und Malen, damit wußte ich im Grunde gar nichts anzufangen. Technisches Zeichnen war mir zwar geläufig, aber damit ließ sich nicht die Freizeit ausfüllen und schon gar nicht der Lebensstandard verbessern. Zeichnen und Malen, dazu fiel mir nur Portraitieren ein, was von einigen Mitgefangenen recht lukrativ betrieben wurde. Das kam für mich aber nicht in Frage, da mir das erforderliche Talent und Interesse fehlten. So überlegte ich hin und her, denn irgendetwas mußte ich finden, um die Freizeit sinnvoll auszufüllen.

Erste Malversuche

Auf der Suche nach einer Freizeitgestaltung, die auch von seiten der Anstaltsleitung gebilligt würde, fiel mir ein Büchlein in die Hände mit dem Titel: „Wir malen Ikonen". Aus dem Text ging hervor, daß die Ikonenmalerei sich immer größerer Beliebtheit erfreut, daß sie im Grunde von jedermann erlernbar sei und keine besonderen Fähigkeiten erfordere. Das Herstellen einer Ikone war illustriert und für mich nachvollziehbar. Ich fühlte mich sofort davon angesprochen.

Jahre vorher hatte ich jemand kennengelernt, der das Malen von Ikonen ebenfalls in der Haft erlernt hatte. Unsere Gespräche waren mehr allgemeiner Art gewesen; er selbst hatte, wie er erzählte, kein Interesse mehr am Ikonenmalen. Damit sei nichts zu verdienen; für einen Künstler gäbe es bessere Möglichkeiten, zu Geld zu kommen, ließ er mich wissen. Ich interessierte mich nicht für seine Malerei und hatte auch keine rechte Vorstellung, worum es ging. Mir war lediglich bekannt, daß es sich um Bilder der Ostkirche handelte, die im Gottesdienst Verwendung fanden.

All dies fiel mir nun wieder ein. Die in dem Buch beschriebenen Arbeitsvorgänge ließen den Schluß zu, daß es nicht schwierig sei, eine Ikone herzustellen. Alles sah recht einfach aus. Aber es fehlte der richtige Anstoß, und so ließ ich die Sache erstmal auf sich beruhen.

Wochen und Monate vergingen, in denen ich mich zwar mit allen möglichen Dingen beschäftigte, doch sie befriedigten mich nicht. Ich spürte die Gefahr, in ein vergammeltes Leben abzugleiten und sträubte mich innerlich dagegen. Ich mußte etwas finden, was Sinn in mein Leben bringen würde. Es galt, selbst etwas zu schaffen, etwas Kreatives, was meinem Naturell entsprach und womit ich mich identifizieren konnte.

Der Gedanke ans Ikonenmalen ließ mir keine Ruhe. Da war eine innere Stimme, die mich fortwährend mahnte, die Sache endlich in Angriff zu nehmen. Immer wieder wanderten meine Gedanken in diese Richtung. Da Ikonenmalerei als einfach zu erlernen beschrieben wurde, reizte sie mich nach wie vor. Ich dachte auch an die Möglichkeit, meine finanzielle Situation aufzubessern, da Ikonen sich bestimmt bei Mitgefangenen an den Mann bringen ließen, und schließlich würde die Beschäftigung mit einer Sache, die einen religiösen Hintergrund hatte, sich vermutlich günstig auf meine Situation im Strafvollzug auswirken. Ich mußte auch nach außen signalisieren, daß ich nicht der gefährliche Mensch war, für den man mich immer noch hielt. Es sollte deutlich werden, daß von mir keinerlei Gefahr ausging und es mir lediglich darauf ankam, die Haftzeit sinnvoll zu bewältigen. Daß dies kein einfaches Unterfangen sein würde, dessen war ich mir bewußt. Aber es war wichtig, die Angelegenheit in irgendeiner Form auf den Weg zu bringen. Von seiten der Justiz würde mit Sicherheit niemand kommen, um mir den Vollzug positiv zu gestalten. Eigeninitiative war gefordert. Es schien mir wichtig, in meiner besonderen Situation etwas zu tun, was kreatives Denken und Arbeiten erfordert. Es galt, ein Ziel ins Auge zu fassen und daraufhin zu arbeiten.

Inzwischen lernte ich am Arbeitsplatz einen Mitgefangenen näher kennen, der sich mit Malerei beschäftigte. Er erzählte mir, daß er schon viele Jahre malen würde und daß ihm alle Techniken geläufig seien. Sich selbst bezeichnete er als „Maestro", ein Wort, das mir damals nicht viel sagte. Aber ich sah, daß er in seiner Zelle an einem Bild malte. Es sah für mein Verständnis gut aus, und so hatte ich keinerlei Veranlassung, an seinen Angaben zu zweifeln. Ich verriet ihm, daß ich mich für die Ikonenmalerei interessieren würde, aber nicht den Mut hätte, wirklich anzufangen. Darauf erklärte er, das Malen von Ikonen sei problemlos; in Rußland hätte man unter ganz primitiven Verhältnissen Ikonen gemalt; ich könnte das unter seiner Anleitung mühelos erlernen. Er selbst habe schon viele Ikonen gemalt und damit eine Menge Geld verdient. Von meinem Vorhaben war er richtig begeistert und sicherte mir seine Unterstützung zu. Damit war im Grunde der Bann gebrochen. Ich stand der ganzen Angelegenheit nicht mehr hilflos und allein gegenüber, sondern hatte einen erfahrenen Maler an meiner Seite, der mir bei Schwierigkeiten helfen würde.

Dem Anzeigenteil einer Zeitschrift der bildenden Kunst entnahm ich die Anschrift von einem Versand für Künstlerbedarf, ließ mir den Katalog schicken und bestellte mit Hilfe meines Mitgefangenen die erforderlichen Malutensilien. Mein finanzieller Spielraum war nicht groß, so daß es zunächst nur für das Wichtigste reichte. Das Büchlein, das mich Monate zuvor auf den Gedanken ans Ikonenmalen gebracht hatte, war inzwischen abhanden gekommen. Da riet mir jemand, den Verlag der Zeitschrift „Artclub" anzuschreiben und um Zusendung einer Literaturliste für den Bereich Ikonenmalerei zu bitten. Dies tat ich und erhielt neben einer aktuellen Literaturliste brauchbares Informationsmaterial. Daraufhin bestellte ich das mir empfohlene Buch eines finnischen Ikonenmalermönchs, in welchem ausführlich die Technik der Ikonenmalerei beschrieben ist (Robert de Caluwé, Ikonenmalerei, Rosenheimer Verlagshaus). Von meiner Lebensgefährtin erhielt ich ebenfalls ein Sachbuch zum gleichen Thema. So fühlte ich mich zunächst ausreichend mit Literatur versorgt und hatte zudem einen sachkundigen Maler an meiner Seite, so daß ich hoffnungsvoll der weiteren Entwicklung entgegensehen konnte.

Nachdem die Malutensilien beisammen waren, besorgte ich ein entsprechendes Holzbrett und begann mit der Vorbereitung des Malgrundes. Wir hatten eine fertige Grundierfarbe vorgezogen, die diese Vorarbeiten erleichtern sollte. Nun stellte sich aber sehr bald heraus, daß mein „Maestro", wie es in einem solchen Haus nicht ungewöhnlich ist, mit Fachwissen geprahlt hatte, das er nur vortäuschte und überhaupt nicht besaß. Das bestellte Material war für das Malen von Ikonen ungeeignet und das Geld nutzlos ausgegeben, während mein Maestro immer noch von seinen Erfahrungen faselte. Die Folge war ein Zerwürfnis, und ich stand wieder alleine da.

Nun hatte ich aber die Sache begonnen und schon mehreren Leuten davon erzählt, nun wollte ich auch zeigen, daß ich etwas zustande brachte. Die Bücher, die ich besaß, lieferten mir eine verständliche Anleitung, besonders das Buch von Robert de Caluwé, in dem einzelne Arbeitsgänge gut beschrieben waren. Daran orientierte ich mich und versuchte mein Glück alleine. Ein weiteres, für meine Verhältnisse sehr teures Fachbuch von Kurt Wehlte (Werkstoffe und Techniken der Malerei, Ravensburger Buchverlag Otto Maier) lieferte mir ausgesprochenes Fachwissen über die gesamte Malerei. Jetzt war ich in der Lage, mich tatsächlich sachkundig zu machen, so daß ich das richtige Material bestellen konnte. Die nun zugänglichen Informationsquellen ermöglichten einen richtigen Überblick und waren vor allem fachlich zuverlässig.

Nachdem ich alles aufmerksam gelesen hatte, wurde deutlich, daß die Beschreibung in dem Büchlein „Wir malen Ikonen" nicht der traditionellen Ikonenmalerei entsprochen hatte. Die mir nun vorliegende Literatur vermittelte eine völlig andere Arbeitsweise, schien mir aber nicht so schwierig zu sein, daß sie nicht zu bewältigen wäre. Ich traute mir die Sache auch allein zu, zumindest war ich recht zuversichtlich. So stürzte ich mich, nicht ahnend, auf was ich mich da einließ, voller Tatendrang in ein Unternehmen, das tiefgreifende Veränderungen für mich zur Folge haben sollte.

Zunächst galt es, einen Kreidegrund herzustellen, auf dem später gemalt wurde. Dazu bot die Literatur verschiedene Möglichkeiten an. Ich orientierte mich an einem alten Rezept und experimentierte mit verschiedenen Leim- und Kreidesorten. Es dauerte einige Zeit, bis ich den richtigen Leim bekam: tierischen Hautleim, der zunächst in kaltem Wasser vorquellen muß, bevor er im Wasserbad auf eine bestimmte Temperatur erwärmt wird. Danach wird Kreidepulver hinzugefügt. Diese Masse wird warm aufgetragen. Das Brett, auf dem die Ikone gemalt werden soll, wird zunächst mehrfach mit der reinen Leimlösung eingestrichen. Dann erfolgen sechs bis acht dünn aufzutragende Schichten der Grundiermasse, wobei zwischen den einzelnen Arbeitsgängen jeweils vierundzwanzig Stunden Trockenzeit liegen soll. Der so geschaffene Malgrund wird, nachdem er gut durchgetrocknet ist, mit Schleifpapier unterschiedlicher Körnung geschliffen und muß zum Schluß glatt und wie poliert aussehen.

Mein erster Versuch, einen brauchbaren Kreidegrund herzustellen, ging, wie das so ist, wenn man keinerlei praktische Erfahrung hat, daneben. Nach dem Schleifen der Fläche stellte sich heraus, daß der Malgrund viele feine Risse aufwies und zudem von kleinen Poren übersät war. In dieser Form war das Brett unbrauchbar. So ging es zunächst über Wochen weiter, bis ich endlich das richtige Mischungsverhältnis herausgefunden hatte und einen halbwegs brauchbaren Malgrund zustande brachte.

Zwischendurch hatte ich mir ein Motiv aus einer Reihe von Vorzeichnungen, die in den Büchern waren, ausgesucht. Das Übertragen der Zeichnung, die auf das erforderliche Maß vergrößert werden muß, geschieht im sogenannten Rasterverfahren. Auf einer durchsichtigen Plastikfolie werden mit einer Nadel quadratische Raster eingeritzt. Diese Folie legt man auf die Originalzeichnung oder eine fotografische Wiedergabe, die vergrößert werden soll. Je nachdem, wie groß die zu malende Ikone werden soll, wird auf dem Zeichenpapier ein größeres Rasterfeld aufgezeichnet. Nun kann man relativ einfach die vergrößerte Zeichnung anfertigen, da man sich an den Schnittpunkten orientieren kann.

Ist die Zeichnung fertig, läßt sie sich mittels Transparentpapier leicht kopieren und mit Kohlepapier auf das geschliffene Brett übertragen. Mit einer Nadel wird die durchgepauste Zeichnung in den Kreidegrund eingeritzt. Nach diesem Vorgang ist die Vorarbeit abgeschlossen. Wenn nicht vergoldet wird, ist das Auftragen der Farben der nächste Arbeitsgang. Nach diesem Verfahren ging ich vor und war mit dem Ergebnis zufrieden. Der nächste Schritt gestaltete sich einfach, da er in der Literatur sehr ausführlich beschrieben war.

Ikonen werden der Tradition entsprechend mit Eitemperafarben gemalt. Diese bestehen aus einer Eigelbemulsion und Farbpulver. Einem säuberlich vom Eiweiß getrennten Eigelb wird Wasser und zum Konservieren etwas Essig zugefügt. Diese Grundemulsion bedarf einer weiteren Verdünnung mit Wasser, die je nach verwendetem Farbpulver in einem bestimmten Verhältnis gehalten werden muß. Es bedarf einiger Erfahrung, bis sich ein Gefühl für das richtige Mischungsverhältnis entwickelt. Die Farbe wird sehr dünnflüssig angemischt und darf beim Auftragen nicht sofort decken.

Nach Abschluß aller Vorbereitungsarbeiten begann ich, die Farben aufzutragen, so wie es in den Büchern beschrieben wurde. Zunächst die dunkelste Farbe, die nach dem Trocknen mit einer aufgehellten Farbe übermalt wird. Was so einfach beschrieben wurde, bereitete mir trotzdem Schwierigkeiten. Schnell stieß ich an Grenzen, es klappte nicht so, wie ich es für erforderlich hielt.

Als Motiv für die erste Ikone hatte ich den heiligen Nikolaus gewählt. Eine einfache Vorlage und ein Motiv, das für den Anfang geeignet schien. Nun lernte ich sehr schnell den Unterschied zwischen Theorie und Praxis kennen. Das so problemlos scheinende Bild erwies sich als sehr schwer nachzumalen. Wochenlang war ich damit beschäftigt, kam nur mühsam voran, und als ich mit dem Ausmalen des Gesichtes begann und dies absolut nicht gelingen wollte, gab ich resignierend auf.

Dieser Fehlschlag wurmte mich ganz gewaltig und ließ mir keine Ruhe, da ich ihn als persönliche Niederlage empfand. Es war noch nie meine Art gewesen, eine angefangene Sache so einfach aufzugeben. Schwierigkeiten sind da, um gemeistert zu werden, hatte mir ein Lehrmeister in meiner Jugend immer vorgehalten. Ich wollte nicht einsehen, daß das Malen einer Ikone für mich nicht machbar sei. Auch widerstrebte es mir, das ganze bereits investierte Geld in den Wind zu schreiben.

So experimentierte ich weiter und versuchte den Umgang mit den Farben zu erlernen. Es wurde deutlich, daß mein Wissen viel zu oberflächlich war. Ein Mitgefangener, dem ich von meinem Problem erzählte, meinte ganz locker, da müßte ich mich durchbeißen und standfest bleiben. Kein großer Trost, aber er bewirkte, daß ich die Sache nicht aufgab. Das Hindernis mußte einfach überwunden werden. So ließ ich nicht locker, arbeitete täglich bis spät in die Nacht, um es zu meistern.

In einem Gespräch mit dem katholischen Anstaltspfarrer erwähnte ich mein Problem. Da erinnerte er sich, daß in seiner Studienzeit ein heutiger Amtsbruder ebenfalls Ikonen gemalt habe; es wäre womöglich hilfreich, sich mit diesem in Verbindung zu setzen, vielleicht könne er weiterhelfen. So schrieb ich einen ausführlichen Brief, schilderte mein Vorhaben, klagte mein Leid, und bat um Hilfe. Umgehend kam Antwort. Der heutige Direktor eines Gymnasiums bestätigte, daß er sich als Student vorübergehend mit dem Malen von Ikonen befaßt habe, dies läge aber schon an die zwanzig Jahre zurück. Deshalb könne er mich nicht fachlich beraten, aber er wolle gern Bücher schicken in der Hoffnung, mir auf diese Weise weiterzuhelfen.

Ich bekam einen ganzen Stapel Bücher zum Thema Ikonen. Sie boten zwar nur wenige Hinweise auf Maltechniken, dafür aber ausführliche Abhandlungen zur Entstehung, Tradition und Stellung der Ikonen innerhalb der orthodoxen Kirche. Das Bücherpaket enthielt auch Bildbände, so daß ich eine große Zahl farbiger Reproduktionen und damit eine reiche Auswahl von Motiven zur Verfügung hatte. Ich war natürlich begeistert und stürzte mich voller Elan auf den Inhalt der Bücher.

30

Die Literatur vermittelte ein ausführliches Wissen über die Ikonographie, das unabdingbar ist, wenn man sich ernsthaft mit der Ikonenmalerei beschäftigen möchte. Auch wurde mir der historische und kulturelle Hintergrund deutlicher, und daraus entwickelte sich ein völlig neuer Bezug zu den Ikonen. Jetzt wollte ich keine mehr oder weniger volkstümlichen Ikonen mehr, von denen in der allerersten Broschüre die Rede war, sondern die alte Tradition der Ikonenmalerei erlernen. Was ich damit anstrebte, war mir zu jenem Zeitpunkt nicht bewußt. Die Bilder begeisterten und faszinierten mich zunehmend. Hinweise, daß die Ikonenmalerei immer mehr vernachlässigt würde, daß die alte Tradition schon weitgehend verloren gegangen sei, trugen dazu bei, daß ich mich dieser Sache verschreiben und dadurch der Zeit meiner Inhaftierung einen Sinn geben wollte. Es war sicherlich eine große Herausforderung, und mir war auch noch nicht klar, wie diese zu bewältigen sei. Aber es war eine Aufgabe, etwas, was ich im Grunde gesucht hatte.

Bereits in den ersten Büchern, die von den Techniken der Ikonenmalerei handelten, war ich auf den Hinweis gestoßen, daß zum Ikonenmalen auch eine religiöse Einstellung gehöre. In gesammelter Haltung, begleitet von Gebeten, sollten die heiligen Bilder gemalt werden, war dort zu lesen. Solchen Hinweisen hatte ich so gut wie überhaupt keine Bedeutung beigemessen. In den neuen Büchern wurde dieses Thema ausführlich behandelt. Was ich als unbedeutend gewertet hatte, entpuppte sich als etwas ganz Entscheidendes beim Malen von Ikonen.

Jetzt erfuhr ich, daß man das Malen von Ikonen immer schon als ein „heiliges Handwerk" angesehen hat, als ein heiliges Geschehen, das von Gebet begleitet sein sollte. Um Mißbräuchen entgegenzutreten, hat zum Beispiel in Rußland die sogenannte Hundert-Kapitel-Syn-

Thronende Gottesmutter

Auf einem Thron mit purpurfarbenem Kissen sitzend, wird symbolisch die königliche Stellung der Gottesmutter Maria dargestellt. Drei Sterne als Zeichen ihrer Jungfräulichkeit, Weisheit und Gnade zieren ihr Gewand.

Auf ihrem Schoß der junge Jesus, schon wie ein Erwachsener aussehend, die Rechte zum Segen erhoben und in der Linken eine Schriftrolle, das Evangelium. Das goldfarben schraffierte Obergewand symbolisiert seine göttliche Herkunft.

„Herrin der Engel" kündet die Schrift im Goldgrund, und zwei Engel mit verhüllten Händen verdeutlichen durch ihre Haltung die herrschaftliche Stellung der Gottesmutter.

Gemalt im Oktober 1989

Erzengel Michael

Johannes schreibt in der Offenbarung vom Kampf der Engel. „Michael und seine Engel kämpften gegen den Drachen ..." (Offb 12, 7).

Die wiedergegebene Darstellung des Erzengels Michael zeigt diesen in graziler Gestalt, auf einem Purpurkissen stehend, Zeichen überirdischen Seins. Ganz im Gegensatz zu der zarten Gestalt das drohend erhobene Schwert und die martialisch wirkende Rüstung. Der wehende Umhang gibt dem Bild Dynamik und vermittelt Gegenwärtigkeit. Michael wird so zum Zeichen von Schutz und Wehrhaftigkeit. Er erinnert an die Worte in Psalm 91: „Denn er befiehlt seinen Engeln, dich zu behüten auf all deinen Wegen ..."

Gemalt im Dezember 1992

ode (1551) unter Ivan IV. für alle Ikonenmaler verbindliche Vorschriften erlassen, die von den Bischöfen überwacht wurden. Der Maler soll erfüllt sein von Demut, Sanftmut und Frömmigkeit. Er soll leichtfertiges Gerede und Vergnügen meiden. Sein Wesen soll friedlich sein und keinen Neid kennen, weder dem Trunk ergeben noch einem unsittlichen Lebenswandel verfallen sein. In gewissenhafter Sorgfalt soll er die heiligen Bilder nach überlieferten Typen malen und, die Augen auf die Werke älterer Meister gerichtet, sich die besten Ikonen zum Vorbild nehmen. So ist es in den Vorschriften der damaligen Zeit nachzulesen. Weil sein Tun auf etwas Heiliges gerichtet sei, müsse ein Ikonenmaler ein gläubiger Mensch mit einem entsprechenden Lebenswandel sein.

Das war eine Forderung, die ich nicht erfüllte. Ich war zwar getauft und somit ein Christ, ging auch, seit ich im Gefängnis war, regelmäßig zum Gottesdienst, hatte aber keinen inneren Bezug zu Gott und seiner Kirche. Der sonntägliche Gottesdienst war eine Abwechslung im Vollzugsalltag. Zudem gefiel mir, was der Pfarrer predigte. Sachlich und nüchtern, das Leben und die besonderen Umstände einbeziehend, unter denen wir versammelt waren, konnten seine Predigten Mut machen und auch Trost geben. Deshalb zog es mich zum Gottesdienst. Einen inneren Bezug zum Ablauf der heiligen Messe hatte ich nicht.

Ich war in einem Dorf aufgewachsen und mußte als Junge, wie es früher üblich war, sonntags zur Messe gehen. Es gab auch eine Phase in meinem Leben, in der ich als Meßdiener aufrichtig glaubend am Gottesdienst teilnahm. Diese Zeit der aktiven Beteiligung ließ sogar den Wunsch entstehen, mein Leben im Dienst der Kirche zu verbringen. Ich traute mich aber nicht, mit jemandem darüber zu reden, und verlor im Laufe der Zeit den Bezug zur Kirche, ja sogar zu Gott. Nachdem ich das Elternhaus verlassen hatte, gab es zur Kirche keinerlei Bindung mehr. Beeindruckend war für mich dann wieder eine Zeit, die mich beruflich mit Persönlichkeiten der katholischen Kirche zusammenbrachte. Aber es reichte nicht aus, um mich als Christ wieder in die Kirche zurückzurufen.

Der Forderung, daß zum Malen von Ikonen eine gläubige Gebetshaltung gehöre, wie es die Autoren der verschiedenen Bücher immer wieder betonten, maß ich weiterhin keine Bedeutung bei. Ich hielt es für eine althergebrachte religiöse Floskel. Es war für mich nicht nachvollziehbar, daß diese Forderung auf den Malvorgang Einfluß haben könnte.

Ich wollte Ikonen malen, weil mich dies reizte, weil es mir zusagte und ich darin eine sinnvolle Beschäftigung sah. So ließ ich nicht locker, trotz all der Schwierigkeiten und der immer wieder auftretenden Probleme im Umgang mit dem Arbeitsmaterial. Ein Aufgeben wäre auch dem Eingeständnis gleichgekommen, versagt zu haben. Ohne daß ich es zunächst bemerkte, begann sich die ganze Angelegenheit mit der Zeit zu verselbständigen. Sie geriet auf eine Ebene, die von mir nicht mehr beeinflußbar war. Ich merkte es nicht, erst hinterher wurde es mir bewußt. Alle Mißerfolge schreckten mich nicht ab, ich verbiß mich regelrecht in die schier unlösbare Aufgabe. Und immer wieder stieß ich auf die mahnenden Sätze, daß zum Ikonenmalen das Beten unabdingbar sei.

Langsam geriet ich zwischen zwei Pole. Da war meine ablehnende Haltung gegenüber der Aufforderung zum Beten. Alles in mir sträubte sich dagegen, eine andere, höhere Hilfe anzunehmen; ich wollte es allein, aus eigener Kraft schaffen. Aber alle meine Versuche, mit Farbe und Pinsel allein eine Ikone zu malen, scheiterten. Es wollte einfach nicht gelingen.

Beten schien mir einer Kapitulation gleichzukommen. Ein Mann steht aber eine Sache durch und kapituliert nicht: Das war bisher meine Einstellung zu allen Dingen, davon wollte ich nicht abrücken. Mir war das Fatale dieses Wesenszuges nicht bewußt. Immer selbstbewußt und alles in die Hände nehmend, bildete ich mir sogar ein, nachgeben hieße mich selbst aufgeben.

Der innere Druck wuchs. Ich wurde immer unsicherer und verzweifelter. Der Wunsch, Ikonen malen zu wollen, war alles beherrschend da und ließ mich nicht mehr zur Ruhe kommen. Ich merkte aber auch, daß eine ganz persönliche Entscheidung von mir gefordert war, doch wollte ich mich darauf nicht einlassen. Irgendwie wußte oder ahnte ich bereits, daß eine absolute Entscheidung zu treffen war, die Folgen nach sich ziehen würde. Ich aber wollte nichts verändern, meine bisherigen Wertvorstellungen paßten in mein Denk- und Handlungsschema, ich war damit zufrieden.

Als wäre ein Damm gebrochen

Alle meine Bemühungen, aus eigenen Kräften eine Ikone zu malen, brachten nicht das gewünschte Ergebnis. Nach wie vor war ich überzeugt, daß mein Vorhaben realisierbar sein müßte. So schwer konnte es doch nicht sein, denn viele Ikonen waren in einer recht einfachen, um nicht zu sagen naiven Weise gemalt. Das mußte doch zu lernen sein!

Eines Tages – ich war so richtig am Ende, regelrecht an einem Nullpunkt angelangt –, zwang es mich in die Knie. Völlig verzweifelt, aber getrieben von dem Wunsch, Ikonen zu malen, kapitulierte ich. In mir arbeitete eine Kraft, der ich mich nicht widersetzen konnte. Sie hieß mich die Knie beugen und dem allmächtigen Gott gestehen, daß ich mit meinem Können am Ende war. Nur er könne es möglich machen, daß ich Ikonen male.

Diesem Schritt war ein nicht zu beschreibender innerer Kampf vorausgegangen. Es hatte mich eine unvorstellbare Überwindung gekostet, denn mein Gebet bedeutete nichts weniger als die absolute Anerkennung Gottes. Ich glaubte zwar, daß es so etwas wie einen Gott gab, bin aber, seit ich erwachsen war, nie so unmittelbar gefordert worden, diesen Gott anzuerkennen. Bisher war er für mich weltfern, irgendwo hinter den Wolken, ohne Bezug zu mir. Nun hatte sich dadurch, daß ich in die

Knie gegangen war und gebetet hatte, etwas geändert. Zu meinem Schöpfer mich bekennend, wurde er ganz bewußt für mich Herr und Gott. Er wurde real, in gewisser Weise gegenwärtig.

Es war eine einschneidende Begebenheit, dieses Kapitulieren vor mir selbst, was ich, nachdem es geschehen war, gar nicht als Kapitulation empfand. Mir war, als wäre ein Damm gebrochen. Eine große Erleichterung bemächtigte sich meiner. Ich hatte über mich selbst einen Sieg errungen und eine Tür geöffnet, die mir den Weg zu Gott zeigte. Was und wie ich gebetet habe, ich weiß es nicht mehr. All meine Not, meine Wünsche, mein Streben, irgendwie habe ich es in Worte gekleidet, gestammelt oder auch nur gedacht, und vor Gott getragen. Ich kniete auf dem Boden in meiner Zelle, und zum ersten Mal in meinem Leben habe ich dieses Knien als ein Niederfallen vor meinem Gott und Schöpfer erlebt und empfunden.

Ich werde es sicherlich nie vergessen, zu einschneidend und bewegend war dieses Geschehen. Dieses Beugen der Knie war etwas Unwiderrufliches. Ich, der Verzweifelte, rief zu Gott. Und mir wurde bewußt: Das ist ein Vorgang mit Folgen, nun würde Gott Erwartungen an mich richten, die ich zu erfüllen hätte. Meine Entscheidung stand absolut fest. Ja, ich hatte mich für Gott entschieden, nun wollte ich auch alle seine Forderungen erfüllen. Ja oder nein, dazwischen gab es keine Alternative. Mit Gott war kein Deal zu machen, darüber war ich mir im klaren.

So war mir im Ansatz auch bewußt, daß meine Handlung eine Veränderung meiner ganzen Lebenseinstellung zur Folge haben würde: Mein Schritt war der Anfang auf einem neuen Weg, man kann es auch als ein neues Leben bezeichnen. All die von mir künstlich aufgerichteten und vehement verteidigten Barrieren waren mit einem Schlag hinweggefegt. Ein Gefühl der Erleichterung überflutete mich. Nun merkte ich erst, welch große Last von mir genommen war, eine Last, die ich mir selbst aufgeladen hatte.

Mein Beten war natürlich alles andere als ein zusammenhängendes, gesammelt vorgetragenes Gebet. Es war die Folge von einem Zusammenbruch nach langem Widerstand, nach einem Kampf, der von mir nicht zu gewinnen war. Es war ein Sich-selbst-Aufgeben und eine Hinwendung zu Gott, der uns als Helfer in der Not verkündet wird. Das wenige, was ich noch an Glauben besaß, lebte in dieser Situation wieder auf. Der Akt des Auf-die-Knie-Sinkens war Ausdruck meiner Hilflosigkeit und Verzweiflung. Da bedurfte es im Grunde keiner Worte, denn Gott, der alles sieht und weiß, wußte auch um meine Not. Er würde mein Beten hören.

Mir kam in den Sinn, was der Kölner Weihbischof Plöger bei seinem Besuch uns Gefangenen in der Predigt gesagt hatte: Man kann zu Gott in einfachen Worten reden; man kann sich ihm zuwenden, wie ein Kind sich seinem Vater zuwendet; man kann ihm alle Sorgen und Nöte mit eigenen Worten sagen. Gott kennt uns und liebt uns, und er weiß, was wir damit sagen wollen. Daran mußte ich immer denken, denn ich war so unsicher und von Zweifeln geplagt. Mir stand das Gleichnis des verlorenen Sohns vor Augen und bestärkte mich in meiner Hoffnung.

Ich verspürte eine große Erleichterung und Freude. Tief in meinem Herzen keimte das Vertrauen auf Gott. Meine Unsicherheit begann zu weichen. Der zaghafte Versuch, mit Gott ins Gespräch zu kommen, veränderte alles. Mein Denken, Handeln, Fühlen, mein ganzes Leben geriet in eine Wende. Alles erfuhr eine Wandlung, auch wenn mir das zunächst noch nicht bewußt war.

Das Beten führte auch zu einem Umbruch bei meinen bis dahin vergeblichen Versuchen, eine Ikone zu malen. Ich hatte in der Zwischenzeit ein neues Brett vorbereitet, grundiert und geschliffen. Ein Gefühl der Unsicherheit lastete auf mir, denn die negativen Erfahrungen bei meinem ersten Malversuch waren mir nur allzugut in Erinnerung. Nun wählte ich ein etwas größeres Motiv und entschied mich für eine Ikone der Gottesmutter von Smolensk, nach einer Vorzeichnung aus dem Buch „Die Ikonenmalerei" von Heinz Skrobucha. Es war wohl das Motiv der Gottesmutter, das mich zu dieser Wahl veranlaßte. Maria, die Mutter und Fürsprecherin, stand mir persönlich näher als der heilige Nikolaus. Ich hatte das Gefühl, daß sie mir helfen würde, ihre Ikone zu malen.

Die Grundfarbe war aufgetragen, ich begann die Gewänder auszumalen. Nun kamen Gesicht und Hände, bisher eine unüberwindliche Schwierigkeit. Hier war ich gescheitert. Jetzt aber wurde die Arbeit von Gebet begleitet. Immer und immer wieder betete ich; ich erbetete geradezu, was ich beim Malen gestalten wollte. Ich weiß nicht mehr, in welcher Form dies geschah; ich hatte ja nur noch ganz wenige Gebete im Kopf. Es war ein inniges Bitten um Hilfe, erfüllt von Aufrichtigkeit und Demut. Die Folgen meiner neuen Verhaltensweise haben mich total überrascht. Regelrecht von einem Tag auf den anderen, ich konnte es gar nicht fassen, lösten sich die bis dahin unüberwindbaren Probleme in Luft auf. Nicht so, als hätte ich über Nacht malen gelernt, das war nicht der Fall. Aber ich schaffte es tatsächlich, die Ikone der Gottesmutter von Smolensk so fertigzubringen, daß man sie anschauen konnte. Mein erste Ikone! Ich konnte kaum glauben, daß mir das gelungen war, und war mächtig stolz auf diese Leistung, ich, der vom Ikonenmalen so gut wie gar nichts verstand. Zwar wollte ich diesen Erfolg nicht ausschließlich dem Beten zuschreiben, aber ein Zusammenhang war nicht zu leugnen. Ich hatte endlich eine unüberwindbar scheinende Mauer überwunden, und auch mein Selbstvertrauen wurde dadurch erheblich aufgewertet.

Die religiöse Erfahrung, die nun zu meinem Leben gehörte, führte zu einer neuen Art von Unsicherheit. Ich spürte noch keinen festen Grund unter den Füßen. Alles war neu und ungewohnt. Ich kam mir selbst fremd vor, wenn ich mich hinkniete, um zu beten. Es war etwas geschehen, aber ich wußte nicht so recht, was sich da verändert hatte. So fühlte ich mich zunächst verunsichert, wie wenn man zwischen zwei Stühlen sitzt. Dennoch wollte ich nichts mehr rückgängig machen. Meine Hinwendung zu Gott war eine endgültige Entscheidung. Sie hinterließ ein Gefühl, das sich nicht beschreiben läßt. Ich wußte mich jedoch auf dem richtigen Weg. So behielt ich das Beten bei und vertraute darauf, daß Gott mir auch helfen würde, mein Beten in die rechte Bahn zu bringen.

Ich besorgte mir ein Gebetbuch; ihm entnahm ich einige Gebete, die ich mir zur Regel machte.

Die erste Ikone war fertig. Jetzt galt es weiterzumachen, zumal ich von verschiedenen Leuten gelobt worden war. Nach all den Mißerfolgen und Enttäuschungen tat mir das richtig gut. Dabei war das Ergebnis meines Malens nicht gerade berauschend. Aber man konnte es anschauen, und das genügte mir zunächst. Der Bann war gebrochen, eine Tür hatte sich aufgetan, und ich war voller Tatendrang. So nahm ich die nächste Arbeit in Angriff, bemühte mich um Konzentration und arbeitete, begleitet von Gebeten, an der neuen Ikone. Ich verwendete das gleiche Motiv, strebte aber ein besseres Ergebnis an. Nach einiger Zeit war die Ikone fertig, und man konnte sehen, daß ich Fortschritte gemacht hatte.

Zweifellos hing der neue Anfang zusammen mit meiner bewußten Hinwendung zu Gott. Dinge, die mir vorher nicht gelungen waren, ließen sich nun bewerkstelligen. War dies der Kraft des Gebets zuzuschreiben? Ich war mir nicht sicher, mußte aber immer wieder daran denken, was ich in den Büchern gelesen hatte. Dadurch, daß ich nun täglich betete, daß mein ganzer Tag von Gebet begleitet war, hatte sich mein Leben verändert. Etwas Gutes war in mein Leben gekommen, das spürte ich deutlich, und so bemühte ich mich weiter, durch das Gebet mit Gott in Verbindung zu kommen.

Für die nächste Ikone verwendete ich als Vorlage dieselbe Nikolaus-Ikone, die mir beim ersten Versuch so gründlich danebengegangen war. Ich fühlte mich schon recht sicher, und die Vorarbeiten, das Auftragen der Grundfarben und das Ausmalen des Gewandes, gelangen auch ganz gut. Jetzt kam ich an das Gesicht, und da erlebte ich eine Überraschung.

Es gibt zwei Arbeitsweisen, nach denen man vorgehen kann. Bei der einen wird zunächst die Grundfarbe, Sankir genannt, aufgetragen. Wenn sie gut durchgetrocknet ist, kann die entsprechende Fläche mit einer helleren dünnflüssigeren Farbe ausgemalt werden. Jeweils nach dem Trocknen wird dieser Vorgang wiederholt, bis das erwünschte Ergebnis erzielt ist. Die Übergänge zwischen den einzelnen Farbschichten werden durch feine Pinselstriche, mit der jeweiligen Farbe, erreicht.

Bei dem anderen Verfahren wird die gesamte Fläche mit immer helleren Farben ausschließlich in feinen Pinselstrichen aufgehellt. Auch hierbei müssen die jeweiligen Farbschichten gut durchtrocknen, bevor die nächste, hellere, aufgetragen werden kann. Diese beiden Arbeitsweisen können auch miteinander kombiniert werden. Das hört sich, wenn man es liest, recht einfach an. Aber in der Praxis merkt man als Anfänger sehr schnell, daß diese Technik doch recht schwierig ist und längerer Erfahrung im Umgang mit Pinsel und Farben bedarf.

Weder der eine noch der andere Arbeitsvorgang war mir vertraut, und außerdem war ich nicht so richtig bei der Sache. Ständig gingen mir andere Dinge durch den Kopf, und mit dem Beten nahm ich es auch nicht mehr so genau. Ich hatte ja schon zwei Ikonen gemalt und fühlte mich sicher, es würde so weitergehen, die Ikonen würden mit der Zeit immer besser werden. Ich täuschte mich gewaltig. Der Versuch, ein Gesicht zu malen, mißlang völlig. Ich merkte regelrecht, wie mir die ganze Sache aus den Händen glitt, es ließ sich nichts mehr korrigieren, und ich war absolut machtlos. Auch konzentriertes Beten half nicht, die Arbeit war unwiderruflich mißlungen – ein totaler Fehlschlag.

Eine innere Stimme sagte mir, was ich versäumt und falsch gemacht hatte. Ich wähnte mich sicher und hatte das Gebet und die erforderliche Konzentration vernachlässigt. Ich machte die Erfahrung, daß Gott sich nicht nach meinem Gutdünken benützen, nicht in menschliche Wünsche einspannen läßt. Dies festzustellen war wie ein Schock. Dem Jubel, den Durchbruch geschafft zu haben, folgte eine große Ernüchterung, eine kalte Dusche. Dieses Erlebnis rüttelte mich auf, ich wurde nachdenklich. Lag es nur daran, daß ich nicht so konzentriert bei der Arbeit war, daß ich das Beten vernachlässigt hatte? Meine innere Stimme sagte dazu ganz klar ja. Aber es gab noch eine andere Stimme, die zu Ausflüchten neigte, die das Scheitern einer anderen Ursache zuschreiben wollte. Ich besaß noch nicht die innere Kraft, kompromißlos mein Verschulden mir selbst einzugestehen.

So entfernte ich die mißratene Malerei und machte einen neuen Anfang. Diesmal bemühte ich mich um Konzentration und betete, innerlich hin- und hergerissen zwischen Hoffnung und Bangen. Das Bild wurde schließlich fertig, ein positives Ergebnis, und ich war um eine Erfahrung reicher: Es ging wohl nicht ohne Beten! Aber richtig fest überzeugt war ich immer noch nicht. Ich war noch ein Zweifler, in meiner Meinung hin und her schwankend. Aber ich arbeitete weiter und bemühte mich, den begonnenen Gebetsrhythmus beizubehalten. Der Herr hatte viel Nachsicht mit mir Zweifler. Wenn ich mit der nötigen Konzentration arbeitete, betete und die Arbeit ganz bewußt in Gottes Hände legte, gab es keine unüberwindlichen Schwierigkeiten. Die Probleme, die ständig auftauchten, ließen sich auf irgendeine Weise bewältigen. Es bedurfte noch einer ganzen Reihe solcher Erfahrungen, bevor mir das Wort aus den Büchern zur unumstößlichen Gewißheit wurde: Ikonen malen und beten gehört zusammen.

Schritte auf einem neuen Weg

Eine richtige Ikone kann nur in einem vom Gebet erfüllten Geschehen gemalt werden. Was man tut, dient der Verehrung Gottes, ist ein Lobpreis auf seine Größe und Macht. Das ist das Fundament, auf dem allein es möglich ist, Ikonen zu malen. Bis mir dies in seiner ganzen Tragweite bewußt wurde, brauchte es längere Zeit. Es ging ja nicht um eine Information, die man oberflächlich zur Kenntnis nimmt. Es war die Erfahrung von etwas Unumstößlichen, das absolut gilt und Konsequenzen hat.

Mir fiel es schwer, dies voll und ganz zu akzeptieren. Als nüchtern veranlagter Mensch waren mir meine Fähigkeiten und Grenzen bewußt. Was ich zu leisten imstande war, wußte ich sehr wohl. Hier aber war etwas geschehen, was über mein eigenes Können und Vermögen hinausging, was erbetet und geschenkt wurde. Die von mir gemalten Ikonen, über die ich staunte, wurden für mich zum Beweis göttlicher Hilfe. Dies wurde mir zunehmend deutlicher und ließ mich Gottes Macht erahnen.

Ich begann mich nun ernsthaft mit Glaubensfragen zu beschäftigen. Vom Pfarrer erhielt ich eine Bibel, die ich mir zur täglichen Lektüre machte. Die heilige Schrift bekam einen ganz anderen Stellenwert für mich. Was mir daraus bekannt war, es war mehr als dürftig. Nun wollte ich mehr wissen. Zunächst las ich täglich im Alten Testament und fühlte mich davon angesprochen. Mit Freude vertiefte ich mich in die Erzählungen von den Patriarchen, von Mose und dem Volk Israel, ebenso in die Bücher der Propheten. Wenig Bezug fand ich zum Buch Ijob, zum Hohenlied und zu den Psalmen. Letztere erschienen mir so trocken, daß ich damit überhaupt nichts anfangen konnte. Anderes las ich mehrfach und ließ mich davon regelrecht begeistern.

Dann las ich das Neue Testament und empfand dabei etwas völlig anderes. War das Alte Testament mehr eine Sammlung erbaulicher Geschichten und Erzählungen aus grauer Vorzeit, so stellten die Schriften des Neuen Testaments etwas anderes dar: Erzählungen von Menschen, die Jesus Christus gekannt und mit ihm gelebt hatten. Zum Teil hatten sie es selbst aufgeschrieben, anderes wurde später festgehalten. Jedenfalls ging es um Geschehnisse, die sich vor etwa zweitausend Jahren ereigneten. Ob es sich dabei um Vorgänge handelte, die tatsächlich genauso passiert waren, war für mich nicht wichtig. Ich war nicht geplagt von Zweifeln an der historischen Authentizität. So las ich das Neue Testament voller Neugier und mit einer gewissen Begeisterung.

Aus meiner Schulzeit war mir noch einiges geläufig. Nun hatte ich aber einen völlig anderen Bezug zum Glauben und entwickelte eine persönlichere und innigere Einstellung zu dem, was in den Evangelien stand. Ich fühlte mich ganz persönlich angesprochen. Es waren Worte, die mich betrafen, die mir Trost und Zuversicht gaben, die Forderungen an mich stellten, Worte, an denen ich mich orientieren und aufrichten konnte. Es war ein richtiges Erlebnis, mit neuen Augen die Geschichte Jesu zu lesen. Es bedurfte einiger Zeit, bis ich alles gelesen hatte. Nun besaß ich ein Fundament, an dem ich mich orientieren konnte. Die Bibel war für mich eine Art Nachschlagewerk geworden, in dem ich bei Bedarf, meiner jeweiligen Stimmungslage entsprechend, lesen konnte. Immer griffbereit und von nun an viel gelesen.

Das Ergebnis dieser neuen geistlichen Entwicklung schlug sich in einem intensiveren Gebetsleben nieder. Es entwickelte sich ein persönlicherer Bezug zu Gott. Das Gefühl der Sicherheit und Geborgenheit wuchs. Mein Leben war nun vom Gebet getragen und umschlossen. Das dauerte natürlich seine Zeit und vollzog sich nicht mit einem Schlag über Nacht. Ich war immer noch ein Suchender, der Boden unter meinen Füßen war noch nicht stabil.

Doch mein Leben hatte nun eine Veränderung erfahren. Ich hatte einen Bezugspunkt gefunden, an dem ich mich ausrichten konnte. Da war kein Taumeln mehr in einem Raum ohne Halt. Gott, der mir in den Jahren zuvor regelrecht abhanden gekommen war, zu dem ich jeden Bezug verloren hatte, der für mich einfach nicht mehr vorhanden war, er war nun wieder präsent. Es war aber nicht nur ein Wissen, Gott wiedergefunden zu haben. Es war mehr, es erfaßte mich ganz tief in meinem Innersten und bewirkte eine Wandlung. Es war eine neue Entdeckung, ein ganz bewußtes Wahrnehmen, ein großes Staunen. Gott war für mich zur Realität geworden, auf die hin ich mich ausrichten wollte, die für mich zum Inbegriff des Daseins wurde.

Ich, der so große Schuld auf mich geladen hatte, durfte nun in der Gewißheit vor Gott treten, daß er mich nicht abweisen würde. Der Gott der Liebe wurde Realität, wurde regelrecht erlebbar, spürbar und gegenwärtig. Das war ein einzigartiges Geschenk. Mein Leben bekam einen neuen Sinn. Es wurde getragen von der Hoffnung, daß Gott mich annimmt. Eine große und unbeschreibli-

Der Prophet Elija

In einer klaren Form wird eine alttestamentliche Er-
zählung geschildert. „Geh weg von hier, wende dich
nach Osten und verbirg dich am Bach Kerit", so laute-
ten die Worte des Herrn an Elija (1 Kön 17,3). Als
Mahner gegen die Gottlosigkeit wurde er ständig ver-
folgt und mit dem Tode bedroht. So mußte er vor
Ahab, dem König von Israel, der den Baalen diente,
fliehen.
Die Darstellung zeigt den Propheten Elija in der Wüste
am Bach Kerit vor einer Höhle sitzend, wo er auf Ge-
heiß Gottes morgens und abends von Raben mit Brot
und Fleisch versorgt wurde.

Gemalt im Juni 1992

Ὁ Π͞Ρ ΗΛΙΑC

СВ ІѠА́ННЪ ПРЕДТЕ́ЧА

Johannes der Vorläufer

„Eine Stimme ruft in der Wüste: Bereitet dem Herrn den Weg! Ebnet ihm die Straßen! So trat Johannes in der Wüste auf und verkündete Umkehr und Taufe zur Vergebung der Sünden" (Mk 1, 3–4).

Im Tal des Jordans trat er als Vorläufer Christi auf und wurde zum Rufer und Mahner in der Wüste. Sein Tun wurde von den Schriftgelehrten argwöhnisch verfolgt. Herodes ließ ihn schließlich ins Gefängnis werfen und enthaupten.

Auf der Ikone ist Johannes in einer strengen Form dargestellt; eine durch und durch asketische Gestalt, in russischer Tradition gemalt.

Gemalt im Juni 1991

che Freude war die Folge dieser Erkenntnis. Gott war auch für mich, den Sünder, da und reichte mir seine Hand. Tiefe Dankbarkeit erfüllte mich. Der Herr war mir zum Fels geworden, meine Füße hatten den Halt gefunden, den ich im Grunde immer gesucht hatte.

Eine Folge dieser neuen Lebenseinstellung war, daß ich nun den Wunsch spürte, bei der Feier der Messe auch zum Tisch des Herrn gehen zu können. Voraussetzung war aber, daß ich vorher zur Beichte gehen mußte. Der Gedanke daran beflügelte mich nicht gerade, so trug ich diesen Wunsch eine ganze Weile mit mir herum. Eines Tages bat ich den Pfarrer dann doch, mir die Beichte abzunehmen. Ich gewann den Eindruck, daß er schon darauf gewartet hatte. Dieser Schritt kostete mich einiges an Überwindung, denn der Gedanke an die Beichte weckte in mir unangenehme Erinnerungen.

Mir stand noch der dunkle Beichtstuhl vor Augen, der mir als Kind stets Furcht und Schrecken eingeflößt hatte. Beichten hatte ich immer als Tortur empfunden. Es bestand eine tiefe Abneigung gegenüber diesem dunklen Kasten, in den man hineingehen mußte und in dem man sich vor einem Gitterfenster hinkniete; dahinter ahnte man mehr den Priester, als daß man ihn sah. Mit großem Widerwillen unterwarf ich mich als Kind dem Zwang der Beichte. Die Person des Priesters, der in dem dunklen Beichtstuhl auf mich wartete, flößte mir stets Angst ein. Immer wenn ich zur Beichte gehen mußte, schlotterten mir regelrecht die Knie, und es konnte keine Rede davon sein, in aufrichtiger Reue die Sünden zu bekennen. Die Angst beherrschte diesen Akt völlig. Es kam immer wieder vor, daß der Priester plötzlich aus dem Beichtstuhl herausgeschossen kam und Ohrfeigen verteilte, weil man unruhig war oder mit dem Nachbarn den Platz tauschte, um das bedrohliche Ereignis hinauszuzögern.

Die unheilverkündende Stimme, die bohrenden Fragen, all dies versprach nichts Gutes, und ich war heilfroh, den Beichtstuhl wieder verlassen zu können. Schnell die auferlegten Bußgebete hersagend, verließ ich fluchtartig die Kirche.

Diese Erinnerungen standen mir vor Augen, als ich nun mit einem beklemmenden Gefühl der Begegnung mit dem Pfarrer entgegenging. Meine Furcht war aber unbegründet. Völlig neu war mir die Form eines Beichtgesprächs. Der Pfarrer verstand es, mein anfängliches Unbehagen zu beseitigen. Es war eine tiefgehende Begegnung, die mich stärkte und ein gutes Gespräch entstehen ließ, eine Unterredung zwischen Männern, in einer gelösten Atmosphäre, wobei deutlich blieb, daß der Pfarrer das Beichtgespräch als Stellvertreter Gottes führte.

Ich ging aus dieser Begegnung ungeheuer befreit und erleichtert hervor. Die Sünden, die mir in den zurückliegenden Wochen und Monaten immer bewußter und zu einer regelrechten Last geworden waren, die mir stets vor Augen standen, wurden durch die Lossprechung von mir genommen. Ich fühlte mich von dieser Schuld jetzt regelrecht entlastet, konnte wieder aufatmen und kam mir vor wie neugeboren. Ich war der Überzeugung, daß ich als neuer Mensch entlassen wurde. Ich hatte auch ein neues Verhältnis zur Gemeinschaft der Christen gewonnen. Vor allem fühlte ich mich Gott jetzt viel intensiver verbunden. Er hatte mir etwas abgenommen, was schwer auf mir lastete.

Mit großer Hoffnung und Zuversicht verließ ich den Pfarrer. Ich hätte am liebsten laut gejubelt. Eine nicht zu beschreibende Dankbarkeit hatte sich meiner bemächtigt. In irgendeiner mir nicht erklärbaren Weise war eine neue Verbindung zu Gott entstanden. Er war mir von nun an real und gegenwärtig. Jetzt fühlte ich mich wieder unbeschwert, bereit für einen ganz neuen Anfang, den ich ernsthaft und in aller Konsequenz in die Tat umsetzen wollte.

Alles Vorhergehende sollte der Vergangenheit angehören, es war vorbei. Dies hieß nicht, daß damit alles vergessen war. Die Schuld meines Fehlverhaltens stand mir nach wie vor vor Augen, war sogar noch deutlicher geworden und bedrückte mich. Zu schwer war diese Schuld, zu viele Menschen hatte ich in Not und Verzweiflung gebracht. Mit diesem Schuldgefühl mußte ich weiterhin leben, darüber war ich mir im klaren. Von den betroffenen Menschen konnte ich kein Verzeihen erwarten, es war zu viel, was Jahre vorher geschehen war.

Zusammen mit dieser Entwicklung, die mich wieder zum Glauben führte, kam es zu Veränderungen. Das Bewußtsein, auf dem richtigen Weg zu sein, wuchs und damit das Gefühl der Sicherheit. Ich wurde ruhiger und gelassener. Das Gottvertrauen brachte in mein Leben eine ganz neue Qualität, es wurde zu einer richtigen Kraftquelle. Eine innere Stimme sagte mir, daß der neue Weg, den ich gehen wollte, der richtige Weg war. Ein neuer Lebensabschnitt lag klar erkennbar vor mir.

Die jahrelange Suche hatte ein Ende gefunden. Gott war in mein Leben eingekehrt, hatte ihm neuen Inhalt und eine ungeahnte Kraft gegeben, eine Energie von solcher Intensität, wie ich es nie für möglich gehalten hätte. Ich erlebte dies ganz bewußt. Gottes Gegenwart stand mir nun ganz deutlich vor Augen. Probleme, mit denen ich mich jahrelang vergeblich abgemüht hatte, wurden plötzlich nebensächlich und verloren ihre Bedeutung.

Bereits seit Jahren litt ich an Schlafstörungen. Es war nicht möglich, daß ich mich am Abend hinlegte und gleich einschlafen konnte. Auch wenn ich noch so müde war, es dauerte Stunden, bis ich einschlief. Hin und her wälzte ich mich und fand keine Ruhe. Ich probierte alles Mögliche aus, übte autogenes Training, unternahm Meditationsübungen, machte Sport bis zur völligen Erschöpfung, versuchte alles, was Abhilfe versprach. Die Schlafstörungen ließen sich nicht in den Griff bekommen und machten mir das Leben regelrecht schwer.

Nun trat ganz überraschend eine Veränderung ein. Das Problem, nicht einschlafen zu können, hatte plötzlich ein Ende. Nach dem Nachtgebet, bei dem ich Gott für seine Hilfe und alles Gute des Tages dankte und um seinen Schutz für die Nacht bat, schlief ich innerhalb kürzester Zeit ein. Was ich jahrelang mit allen möglichen Mitteln versucht hatte, was nicht zu bewerkstelligen war, wurde mir nun geschenkt. Es war so einfach, daß ich nur ungläubig staunen konnte. Befahl ich mein Leben in Gottes Hände und begab ich mich ganz bewußt in seine Obhut, so fühlte ich mich geborgen, der ersehnte Schlaf kam über mich, und ich verbrachte eine ruhige Nacht. Es war eine richtige Wohltat, nach dem Hinlegen sofort einschlafen zu können. Für mich war das wie ein Wunder. Für die plötzliche Veränderung dieser Situation gab es nur die eine Erklärung, daß ich tatsächlich unter Gottes Obhut einschlief. War das ein Beweis, daß er alles möglich machen kann? Meine Bereitschaft, dies vorbehaltlos mit Ja zu beantworten, war erheblich gewachsen. Zu einschneidend war dieser unerwartete Vorgang. Die Folge war eine große Dankbarkeit.

Eine überraschende Erfahrung machte ich auch beim Malen. Als ich damit begann, konnte ich nicht den Blick auf einen Punkt konzentrieren. Besonders beim Ziehen fester Linien mit dem Pinsel wanderten die Augen immer von der Pinselspitze weg. Es war einfach nicht möglich, die erforderliche Konzentration aufzubringen, um die Augen unter Kontrolle zu halten. Dies erschwerte das Arbeiten ganz erheblich, da ich immer wieder absetzen mußte und so der Arbeitsablauf unterbrochen wurde. Ich bemerkte, daß ich für diese Arbeit eine Brille benötigte. Dieses Problem war schnell gelöst; die Augen mit der erforderlichen Konzentration an der gleichen Stelle halten zu können, bedurfte längerer Zeit. Es war wohl eine Sache der Übung, denn irgendwann bereiteten die unruhigen Augen keine Schwierigkeiten mehr.

Eine neue Herausforderung war das Vergolden. Bisher hatte ich den Heiligenschein in einer Goldfarbe ausgemalt; jetzt versuchte ich ihn mit richtigem Blattgold auszulegen. Aus der Literatur wußte ich, daß es zwei Möglichkeiten der Vergoldung gibt: die Polimentvergoldung – auf einer Art Tonerde wird Blattgold aufgelegt und dann mit einem Achatstein auf Hochglanz poliert – und die Ölvergoldung, die nicht polierbar ist. Ich ließ mir zunächst die nötigen Materialien schicken. Die Polimentvergoldung, die in der Beschreibung so einfach erschien, entpuppte sich in Wirklichkeit als so schwierig, daß ich diese Technik schließlich nach monatelangem Experimentieren aufgeben mußte: Im Vergleich dazu war die Ölvergoldung recht einfach zu erlernen.

Nach einigem Probieren war ich mit dem Ergebnis ganz zufrieden. Das Öl, eine klebrige Flüssigkeit, Mixtion genannt, wird mit einem Borstenpinsel sehr dünn und gleichmäßig auf die zu vergoldende Fläche aufgetragen. Diese Fläche muß vorher gesperrt werden, was mittels eines klaren dünnflüssigen Lacks geschieht; sonst würde der Kreidegrund das Öl sofort aufsaugen und eine gleichmäßige Haftung des Blattgoldes wäre nicht mehr gewährleistet. Nach dem Auftragen muß das Öl etwa zwölf Stunden an einem staubfreien Ort trocknen, bevor das Blattgold aufgelegt werden kann. Staubfreiheit ist deshalb so wichtig, weil nach dem Auflegen des Blattgoldes jegliche Verunreinigung auf der Fläche sichtbar würde. Das Blattgold ist so dünn geschlagen, daß es durchsichtig zu sein scheint, hält man es gegen das Licht.

Man legt das Blattgold, das auf Seidenpapier aufgepreßt ist, auf die mit Anlegeöl eingestrichene Fläche und streicht es mit der Fingerkuppe sorgfältig glatt. Das Papier wird dann vorsichtig entfernt und das auf dem Ölfilm haftende Gold mit einem weichen Pinsel geglättet. Nach mehrtägiger Trockenzeit kann die vergoldete Fläche mit einem weichen Tuch abgerieben werden. Dieser Vorgang des Vergoldens muß immer vor Beginn des eigentlichen Malens abgeschlossen sein.

Nachdem ich den Arbeitsvorgang halbwegs beherrschte, ging ich dazu über, bei den folgenden Ikonen den Heiligenschein, auch Nimbus genannt, in Blattgold auszulegen. Mir war inzwischen klar geworden, daß es nicht leicht sein würde, mein Ziel, Ikonenmaler zu werden, auch wirklich zu erreichen. Zu vielseitig und kompliziert war diese Tätigkeit, als daß man sie sich ohne weiteres aneignen könnte. Für mich war dies noch viel schwieriger, da ich niemanden hatte, der mir mit Rat und Tat zur Seite stand. Ich war auf das angewiesen, was in den Büchern stand, bei entscheidenden Detailfragen suchte ich aber oft vergeblich nach Antwort. Es würde viel Zeit benötigen, meinem großen Ziel in kleinen Schritten näherzukommen, aber Zeit hatte ich ja genügend.

So machte ich mir nicht allzu viel Gedanken, sondern vertraute auf Gott, der es mir ermöglicht hatte, diesen Weg zu gehen. Irgendwie würde es schon weitergehen. Auf einem Abreißkalender fand ich die Mahnung aus dem Paulusbrief an die Pilipper: „Tut alles ohne Murren und ohne Zweifel" (2,14). Von diesem Spruch fühlte ich mich angesprochen. Er schien mir kennzeichnend für meine besondere Situation. Ich befestigte ihn an meiner Zellentür; da ist er heute noch und wird von Besuchern mit Zustimmung oder auch mit Ablehnung bedacht. Für mich ist er nach wie vor gültig, eine ständige Mahnung, aber auch Orientierungshilfe. Er macht mir meine Schwäche und Unsicherheit deutlich, vermittelt aber auch Trost und Zuversicht. Die Alltagserfahrungen, besonders die negativen, lassen sich mit diesen Worten im Herzen leichter tragen.

Das Raubtier verliert seine Krallen

Negative Erfahrungen gab es ständig, besonders wenn ein entsprechender Aktenvermerk das Vollzugsleben begleitet. Eins meiner größten Probleme waren tiefgreifende Ängste gegenüber der Institution Justiz. Ich sah im Vollzugsapparat nicht das Ausführungsorgan des Gerichts, sondern ein Ungeheuer, einem wilden Tier vergleichbar, das ständig auf der Lauer liegt. Dies ging auf wiederholte Erfahrungen zurück, die mir mein Ausgeliefertsein und meine Hilflosigkeit stets deutlich vor Augen führten. Das Ungeheuer lag Tag und Nacht auf der Lauer und schlug überraschend und erbarmungslos zu. Immer waren es erniedrigende Erfahrungen. Ich wußte nie, wann ich an der Reihe war, aber irgendwann war es wieder soweit, das war sicher. Stand man auf der sogenannten Hit-Liste, das waren die Gefangenen, die als gefährlich eingestuft wurden, gehörten solch überraschende Aktionen zum Vollzugsgeschehen, waren Teil der Haft.

Plötzlich tauchten dann mehrere Beamte auf, und man wurde aufgefordert, mitzukommen. Es war sofort klar, was dies bedeutete, denn die Vielzahl der Beamten kündigte nichts Gutes an. Entweder freiwillig oder unter Androhung von körperlichem Zwang, der unverzüglich angewendet wurde, mußte man sich völlig ausziehen. Kleidung und Körper wurden sorgfältig untersucht und abgetastet. Eine demütigende Behandlung, die nur nachempfinden kann, wer solches am eigenen Leib erfahren hat. Danach wurde man für Stunden oder gar Tage in eine leere Zelle eingesperrt. Es gab absolut nichts, außer Verpflegung im Rahmen der üblichen Essensausgabe. Fragen wurden grundsätzlich nicht beantwortet. Auch später, nach Ende der Aktion, wenn man wieder in seinen Haftraum durfte, gab es in der Regel keine Erklärungen. Hin und wieder sickerten im Lauf der Zeit auf Umwegen Informationen durch, die Rückschlüsse auf die ganze Angelegenheit zuließen. Meist aber blieben die Hintergründe völlig im dunkeln.

Der Haftraum war in der Zwischenzeit gründlich durchsucht worden, wobei es nicht selten vorkam, daß Gegenstände beschädigt oder gar zerstört wurden. Das hinterlassene Chaos traf einen jedesmal wie ein Schlag. Obwohl man damit rechnen mußte, packte einen bei einem solchen Anblick jedesmal aufs neue ohnmächtiger Zorn. Regelmäßig wurden bei solchen Aktionen Gegenstände konfisziert, deren Besitz vorher mehr oder weniger geduldet worden war. Alles in allem waren solche Erlebnisse niederschmetternd und nährten unausbleiblich Haß gegen den ganzen Justizapparat und auch gegen einzelne Bedienstete, die ihre Überheblichkeit, Macht und Unmenschlichkeit ganz besonders deutlich ausspielten. Für mich gehörte dies zu den schwierigsten Phasen im Gefängnisalltag, denn sie erzeugten Rachegelüste. Meine größte Angst war, daß ich die Kontrolle über mich verlieren und etwas tun könnte, was jegliche positive Zukunftsperspektive zunichte machen würde.

Ich war mir sicher, daß man nur darauf wartete, bis ich in irgendeiner Form aggressiv werden würde, um mir dann zeigen zu können, was für ein Nichts ich sei. Hilflos der eigenen Wut ausgeliefert, bekam ich schwere Depressionen und brütete nicht selten über Selbstmordgedanken. Jede negative Reaktion meinerseits hätte erhebliche Folgen für den weiteren Haftverlauf nach sich gezogen. Gewalt gegen die Justiz und ihre Bediensteten kann in keinem Fall zu einer positiven Veränderung führen. Auf diesem Weg erreicht man nichts, man ist immer der Verlierer, denn im Umgang mit renitenten Gefangenen besitzt die Justiz Übung und Erfahrung. Der Gefangene hat immer die schlechteren Karten und büßt unter Umständen für eine provozierte Kurzschlußhandlung Jahre. Dieser Hilflosigkeit bewußt, lebte ich in einer ständigen Angst und Furcht vor irgendwelchen Aktionen.

Um die Gefahr solcher Vorkommnisse zu reduzieren, verminderte ich die Kontakte zu Mitgefangenen auf das unbedingt Notwendige. Es ist eine Vollzugserfahrung, daß die Gründe für die geschilderten Aktionen in der Regel bei Mitgefangenen zu suchen sind. Viele versuchen ihren eigenen Frust, den sie gegen den Justizapparat nicht ausspielen können, dadurch abzureagieren, daß sie ganz gezielt falsche Informationen verbreiten oder sogenannte heiße Tips an Bedienstete weitergeben. Oftmals sind Neid- oder Haßgefühle das Motiv für solche Handlungen. Ein im Vollzug geläufiges Sprichwort heißt: „Der größte Feind eines Gefangenen ist der Mitgefangene." So wurde ich zum Einzelgänger mit dem Ziel, daß gegen mich keine Strafaktionen mehr auf irgendeinen Tip irgendeines Mithäftlings hin stattfinden würden.

Meine neue gläubige Lebenseinstellung bewirkte nun, daß die Ängste, die über Jahre zu einem ständigen Begleiter geworden waren, an Bedeutung verloren, sich immer mehr reduzierten und schließlich völlig verschwanden. Ich registrierte dies sehr mißtrauisch, aber es war tatsächlich so, daß ich mich zunehmend weniger bedroht fühlte. Das so gefürchtete Raubtier Justiz hatte seine Zähne und Krallen verloren. Die Angst wich einem zunehmenden Gottvertrauen. Er würde mich beschützen. Ich weiß bis heute nicht, woher ich diese Gewißheit genommen habe, aber sie war da. Es erfolgten auch keinerlei Aktionen mehr, die mich aus dem Gleichgewicht und meine Überzeugung ins Wanken gebracht hätten.

Diese Entwicklung vollzog sich ohne mein Zutun. Ich hatte mein Leben auf Gott ausgerichtet, bemühte mich um ein gottgefälliges Leben, und mir wurde eine Kraft geschenkt, die ein großes Selbstvertrauen förderte. Diese Kraft war so stark, daß alle Ängste überwunden wurden. Ein Gefühl der Geborgenheit zog in mir ein.

Immer stärker wurde ein inneres Drängen, zu beten und Gott zu danken. Natürlich gab es auch Phasen des Zweifels, Tage der Unsicherheit, doch ich vertraute darauf, daß Gott mir helfen und mich nicht im Stich lassen würde. Ich las viel in der Bibel, und die sonntäglichen Gottesdienste wurden zur freudigen Pflicht. Es war einfach schön, in der Kirche an der heiligen Messe teilnehmen zu können und zu dieser Gemeinschaft dazuzugehören. Ich hatte das Gefühl, auf dem richtigen Weg zu sein, und es kam richtige Freude in mein Leben.

Von besonderer Bedeutung war für mich die Bewältigung eines Problems, mit dem ich mich schon längere Zeit auseinandersetzte und das mir meine Willensschwäche ständig verdeutlichte. Es betraf die Konfrontation mit den sexuellen Bedürfnissen, denen ich als Mann ausgesetzt war. Eingesperrt sein bedeutet gleichzeitig, der Befriedigung sexueller Bedürfnisse nicht mehr so nachkommen zu können, wie es als freier Mensch in einer partnerschaftlichen Beziehung möglich ist. Der Inhaftierte ist seinem Sexualbedürfnis, das er bei seiner Verhaftung ja nicht abliefert, mehr oder weniger ausgeliefert. So störte mich mein sexuelles Bedürfnis mit zunehmender Haftzeit immer mehr, aber ich war nicht in der Lage, ein enthaltsames Leben zu führen. Da war ein Drang, der einfach befriedigt werden wollte. Der Gedanke, den Geschlechtstrieb über viele Jahre selbst befriedigen zu müssen, bereitete mir erhebliches Unbehagen. Es entwickelte sich zunehmend ein Zwiespalt: der Trieb mit seinen Zwängen und der Wunsch, davon frei zu sein.

Imponiert hatte mir die Geschichte, die ich in einem Roman vor langer Zeit einmal gelesen hatte und die mir noch in Erinnerung war. Es ging um ein Familienschicksal, das sich in Asien abspielte. Die Hausherrin hatte für sich beschlossen, mit Vollendung des vierzigsten Lebensjahres ein enthaltsames Leben zu führen. Dies wurde als reiner Willensakt beschrieben und in die Tat umgesetzt. An diese Geschichte mußte ich immer wieder denken, denn sie zeigte, daß es möglich ist, dem Sexualbedürfnis nicht einfach nachzugeben, sondern es zu beherrschen und enthaltsam zu leben. Was im Roman erzählt wurde, so dachte ich, müßte sich auch in Wirklichkeit erreichen lassen.

Bei diesem Problem handelte es sich bisher um eine mehr oder weniger persönliche Auseinandersetzung mit meiner eigenen Schwäche. Jetzt aber gab ich mir alle Mühe, ein christliches Leben zu führen und alles, was Gottes Geboten widersprach, also Sünde war, zu vermeiden. Das bedeutete für mich, ein enthaltsames Leben zu führen. Mir war klar, daß Gott um meine Schwäche wußte und ihr sicherlich nicht den Stellenwert beimaß, wie ich es tat, aber es war ein Zustand, der einer Änderung bedurfte. So trug ich meine Schwäche ganz bewußt vor meinen Schöpfer, bekannte mich dazu und bat um seine Hilfe, denn allein war ich zu schwach. Ich, der Sünder, schwach und hilfsbedürftig, wandte mich vertrauensvoll an Gott, denn er konnte ermöglichen, was mir nicht möglich war. Und ich erfuhr seine Hilfe. Was ich über Jahre versucht hatte und was mir nie gelungen war, wurde nun regelrecht über Nacht möglich. Diese unerwartete Entwicklung versetzte mich in ein gewaltiges Staunen. Ich konnte es nicht fassen, daß Gott Dinge vollbringt, die mir unvorstellbar erschienen. Einige Zeit beobachtete ich mich sehr mißtrauisch, aber es wurde ganz deutlich, daß meine sexuellen Bedürfnisse nicht mehr beherrschend waren. Ich konnte sie zurückweisen und war nun in der Lage, ein enthaltsames Leben zu führen.

Der Herr hatte mich seine Macht, aber auch seine Liebe und Güte erkennen lassen. Diese Erkenntnis, die sich mit jedem Tag vertiefte, ließ mich meine eigene Unfähigkeit, aber auch ein tiefes Glücksgefühl erleben. Gott wurde mir zum Fels, dem ich mich bedingungslos anvertrauen durfte. Es war schon ein besonderes Erlebnis, selbst zu erfahren und zu erleben, was Gott ermöglicht, sofern man sich ihm vorbehaltlos zuwendet. Für ihn ist alles möglich. Das wurde mir immer deutlicher, doch brauchte es dazu eine längere Zeit, die immer wieder von Zweifeln begleitet wurde. Nicht immer besaß ich die Kraft, allen Versuchungen von Anfang an zu widerstehen. Es waren aber immer die positiven Erfahrungen, die mich auf den richtigen Weg zurückbrachten, Erfahrungen, die mein Gottvertrauen stärkten. Alles, was gut werden soll, braucht seine Zeit. Strauchelte ich und war von Zweifeln geplagt, fehlte mir die erforderliche Kraft, den Versuchungen zu widerstehen, dann tröstete ich mich mit dem Gedanken, daß der Herr mein Bemühen trotz all der Rückfälle annehmen würde.

Aber da war auch der unumstößliche Beweis, daß Gott

mir seine Hilfe nicht verweigerte und Dinge möglich machte, die über meine Kräfte hinausgingen. Ich sah dies ganz realistisch und nüchtern. Meine Grenzen waren mir bewußt; was ich konnte, war mir klar, aber auch, was ich nicht konnte. So ließ ich mich nie völlig beirren und von dem eingeschlagenen Weg abbringen. Oft war es ein richtiger Kampf, der Versuchung, sich wieder dem alten Trott zu überlassen, zu widerstehen. Im Grunde war es das Gottvertrauen, das mir immer wieder aus den unterschiedlichsten Krisen heraushalf.

Gott war gegenwärtig, irgendwann gab es hierüber keine Zweifel mehr. Ich sah dies eines Tages mit ganz anderen Augen. So, als sei ein Vorhang weggezogen, der bislang die Sicht beeinträchtigt hatte. Deutlich trat zutage, daß ich mich nur zu öffnen brauchte. Gott war in mein Leben getreten und hatte es von Grund auf verändert. Ich fühlte mich wohl dabei und war mir sicher, endlich auf dem rechten Weg zu sein. Gott würde mich beschützen und selbst in negativen Phasen niemals allein lassen. Die Folge dieser Erkenntnis war eine tiefe Gottesfurcht, nicht Furcht vor dem strafenden Gott, sondern Ehrfurcht gegenüber dem liebenden Gott. Es gibt keinen strafenden Gott! Die in der Kinderzeit geförderte Vorstellung von einem strafenden Gott wich nun einer neuen Überzeugung. Gott ist die Liebe, die uns Menschen trägt. Liebe soll unser ganzes Leben bestimmen und leiten.

Eines Tages bat ich den Pfarrer, mir einen Rosenkranz zu besorgen. Mein bisheriges Beten erschien mir zu einseitig. Abgesehen vom Vaterunser, dem Ave Maria und einigen Gebeten aus dem Gebetbuch, bestand es mehr oder weniger in einer Art von Zwiegespräch mit Gott. Ich erzählte ihm alle meine Probleme, alle meine Wünsche und Hoffnungen und lauschte in meinem Herzen

auf eine Antwort. Nun entstand der Wunsch, die Gottesmutter in mein Gebetsleben mit einzubeziehen. Der
Rosenkranz schien mir dafür geeignet, ich benötigte
auch etwas Handfestes, woran ich mich regelrecht fest-
halten konnte. Das Gebet zu ihr sollte einen bestimmten
Platz im Tagesablauf erhalten. Ich erhoffte mir dadurch
ihren Beistand und ihre Fürsprache bei Gott. Der Pfarrer
brachte mir einen Rosenkranz, er war klein und die Perlen waren lose geknüpft. Das moderne Kreuz, aus einer
Kupferlegierung gegossen, zeigte andeutungsweise den
Gekreuzigten. Beim Versuch, die Knoten festzuziehen,
um die einzelnen Perlen besser fühlen zu können, zerriß
die Schnur. Also knüpfte ich den Rosenkranz neu, und
nun war er so groß, daß ich ihn über den Kopf streifen
und um den Hals tragen konnte. Sicherlich etwas ungewöhnlich, aber so hatte ich ihn immer bei mir und vertraute darauf, daß ich, falls ich mal wieder zwischen die
Mühlsteine der Justiz geraten sollte, wenigstens den
Rosenkranz behalten würde. Ich wußte nicht, was mich
eigentlich dazu bewogen hatte. Heute aber ist mir klar,
daß dies ein ganz wesentlicher Meilenstein in meiner
Glaubensentwicklung war. Mit den jederzeit greif- und
spürbaren Perlen des Rosenkranzes besaß ich etwas Faß-
bares, etwas, was ich in die Hände nehmen konnte, was
mir regelrecht zum Halt wurde. Es war auch Ausdruck
meiner Gläubigkeit, ein Signal nach außen, und vermittelte mir ein großes Stück Sicherheit, die nie wieder von
mir wich.

Nun betete ich täglich den Rosenkranz, machte mir
dieses Gebet zur Gewohnheit und beschloß damit jeweils den Tag. Die Gottesmutter wurde so zur Trösterin
und vertrauten Begleiterin. Zu ihr, die so viel Schmerz
und Verzweiflung erfahren hatte, die für uns alle zur
Mutter geworden war, betete ich nun jeden Tag. Unter

ihrem Schutz fühlte ich mich geborgen. Freude ergriff mich, wenn ich die Perlen auf der Haut spürte. Ich war mir sicher, daß ich nun nicht mehr allein war, daß mir jetzt im Grunde nichts mehr passieren konnte. Ganz gleich, was geschehen würde, ich vertraute auf den Schutz und die Fürsprache der Himmelskönigin. Selbst schwere Stunden würden jetzt leichter sein. Das Gefühl einer unerschütterlichen Sicherheit zog in mir ein.

Unübersehbar machte ich Fortschritte beim Malen der Ikonen. Das gelang jedoch nur, wenn mein Tun von Gebet begleitet wurde. War ich mit den Gedanken nicht bei der Sache, sah das Ergebnis entsprechend aus. Es war nicht anzusehen und ließ mich jedesmal meine Unfähigkeit deutlich erleben. Im Verlauf der Zeit wurde immer eindeutiger, daß das Malen von Ikonen für mich nur dann möglich war, wenn die Arbeit vom Gebet begleitet wurde. Und doch sträubte ich mich in gewisser Weise hin und wieder gegen diese Tatsache. Da war nach wie vor ein Zwiespalt, der noch nicht völlig weggeräumt war. Es wollte nicht so recht in den Kopf, ich war immer noch geneigt zu glauben, es auch durch eigenes Vermögen schaffen zu können, schaffen zu müssen. Aber es ging nicht! Stieß ich an Grenzen, war ein Problem nicht zu meistern, und dies war oft der Fall, half nur noch inständiges Beten. Oft war ich total verzweifelt und regelrecht mit meiner Kraft am Ende, doch der Herr in seiner Großmut wurde mir zum Helfer. Dann stand ich völlig fassungslos vor dem Ergebnis und wußte mit absoluter Sicherheit, daß ich, alleine auf mich angewiesen, es nicht geschafft hätte. Gottes Hilfe wurde für mich in der fertigen Ikone sichtbar.

Ich vertraute darauf, daß der Herr von mir nichts Unmögliches erwarten würde. Ihn als gegenwärtig anerkennend, war es keine Frage, daß er um meine Schwächen und Fehler wußte. Wichtig schien mir das beharrliche Bestreben, den alten Menschen abzulegen und neue Werte als Maßstab anzunehmen. Ich hatte mich für Gott entschieden und hatte nicht die Absicht, diesen Schritt wieder rückgängig zu machen. Daß mein Entschluß nicht leicht war, erlebte ich immer wieder. Es kostete mich Überwindung und Ausdauer, standhaft zu bleiben und allen Versuchungen zu widerstehen. Doch ich setzte all meine Hoffnung auf den Herrn. Im Psalm 34,5 heißt es: „Als ich den Herrn suchte, antwortete er mir und errettete mich aus all meiner Furcht." Ich fand diesen Spruch im Kalender, es war eine treffende Umschreibung meiner Situation.

In dieser Phase, die sich über viele Monate hinzog, reifte das Gottvertrauen. Verbunden war diese Entwicklung mit einer gewissen Selbstaufgabe, die ich vollzog. Wie es bei Jeremia, 17,14 zu lesen ist, betete ich: „Heile mich Herr, so werde ich heil; hilf mir, so ist mir geholfen." Ich begab mich vorbehaltlos in Gottes Hände. Was ich tat, geschah zu seiner Ehre, ohne Hintergedanken und mit grenzenlosem Vertrauen. Diese vorbehaltlose Hinwendung zu Gott, diese Bereitschaft, alles hinzunehmen und zu tragen, hatte Folgen. Meine vollzugliche Situation erfuhr eine Veränderung, und es kam Ruhe in mein Leben.

Als sich dann doch noch einmal eine der gefürchteten Durchsuchungsaktionen ereignete, war es der Glaube und das Gebet, die dazu beitrugen, daß die Situation sich entspannte. Ich werde das alles umschließende Gefühl der Sicherheit nicht vergessen. Noch steckte mir der Schock der körperlichen Durchsuchung in den Knochen; die Tür einer Leerzelle schloß sich laut krachend hinter mir. Ich stand wie betäubt an die Wand gelehnt, als ich plötzlich die Perlen des Rosenkranzes spürte. Ich fühlte das Kreuz auf der Haut, und eine nicht zu beschreibende Ruhe überkam mich. Ich begann voller Vertrauen und ganz ruhig zu beten. Die Panik, die sich sonst einstellte, blieb aus. Ich war gelassen, ja fast beschwingt, als sich nach relativ kurzer Zeit die Tür öffnete und ich wieder in meinen Haftraum zurückkonnte. Dieser war inzwischen durchsucht worden, aber entgegen sonstigen Erfahrungen in einem ordentlichen Zustand hinterlassen worden. Die Beamten hatten ihre Pflicht getan, dagegen war nichts einzuwenden. Es war im übrigen der letzte Vorfall dieser Art. In Zukunft blieb ich von solchen Aktionen gänzlich verschont, der Vollzug wurde erträglicher und vor allem menschlicher.

Für mich war es eine entscheidende Ermutigung, daß ich meine inneren Erfahrungen an ganz konkreten Vorgängen festmachen konnte. Es war keine Suche nach einem Gott in einem undurchsichtigen Raum, sondern seine Hilfe war real und vollzog sich sichtbar und spürbar in bestimmten Begebenheiten. Besonders deutlich wurde es beim Malen, denn hier waren meine Grenzen sichtbar. Was dann mit Gottes Hilfe möglich wurde, überraschte mich jedesmal, und die positiven Reaktionen von Leuten, die das Ergebnis sahen, machten mir Mut und bestärkten mich in dem Entschluß, auf dem eingeschlagenen Weg zu bleiben.

Vergangenheitsbewältigung

In dieser Zeit bahnte sich auch im Bereich des Strafvollzugs eine Entwicklung an, die maßgeblich zu dem Umbruch in meinem Leben beitrug. Es ergab sich ein Kontakt zu einem der Anstaltspsychologen. Der Anlaß, der zu einem Gespräch mit dem Psychologen führte, ist mir entfallen. Es war sicherlich nichts Wichtiges, denn zum sogenannten „Dachdecker" hatte ich keinerlei Beziehung. Da für mich in absehbarer Zeit keine Lockerungen zu erwarten waren, war ein vorbereitendes Gespräch auch nicht gefordert. Ich erinnere mich noch, daß er mir zum Abschluß unserer Begegnung anbot, für Gespräche ganz allgemeiner Art zur Verfügung zu stehen. Ohne mir dabei etwas zu denken, willigte ich ein, und wir verabredeten einen Termin. So begann eine ganze Reihe von Unterhaltungen. Da mein Gegenüber gleichaltrig und mir als Mensch sympathisch war, entwickelte sich bei unseren Treffen eine recht zwanglose Atmosphäre. Man saß zusammen und unterhielt sich über Alltag, Politik oder Themen der Zeit und lernte sich so näher kennen.

Im Verlauf der Begegnungen entstand ein gewisses Vertrauensverhältnis, so daß irgendwann die Rede auch auf meine kriminelle Vergangenheit kam. Es gab in meinem Leben einiges, was nicht in Ordnung war und worüber ich zunächst nicht reden wollte. Denn da war ein gewisses Mißtrauen gegenüber dem Psychologen, dem man ja von vornherein nicht trauen durfte, wie unter den Gefangenen ständig propagiert wurde; es bedurfte längerer Zeit, bevor die Situation sich so weit entspannte, daß ich auch über die Dinge reden mochte, die mich ganz persönlich betrafen. Bislang hatte ich niemanden, mit dem ich über meine Probleme sprechen konnte.

In den wöchentlichen Treffen merkte ich, wie wichtig eine Aufarbeitung meiner Vergangenheit war, wenn sich in meinem Leben etwas ändern sollte. Zunehmend spürte ich das Bedürfnis, meine kriminelle Vergangenheit, so weit wie möglich, in Ordnung zu bringen. Es war ein kurzer Zeitabschnitt, der mein Leben so radikal verändert hatte. Die dabei entwickelte kriminelle Energie, gepaart mit ausgeprägtem Egoismus und übersteigertem Geltungsbedürfnis, hatte mich letztlich ins Gefängnis gebracht. Nun ergab sich die Gelegenheit, die ganzen Hintergründe für diesen sozialen Absturz gründlich aufzuarbeiten.

Es waren gute Gespräche, die nicht selten tief unter die Haut gingen, Überwindung kosteten und auch schmerzhaft waren. Offen und schonungslos gegenüber mir selbst, waren es aber auch wertvolle Erfahrungen. Sie trugen entscheidend dazu bei, daß ich erkannte, was mich auf die kriminelle Schiene gebracht und mein rücksichtsloses Handeln bestimmt hatte. Erstmals wurde es mir möglich, Schuldgefühle zu artikulieren und mich auch gegenüber einem Menschen zu meinem verwerflichen Handeln zu bekennen.

Während der Gerichtsverhandlung hatte ich zwar ebenfalls Schuldgefühle zum Ausdruck gebracht, aber damals stand dies in einem ganz anderen Zusammenhang und auch in einer anderen Atmosphäre. Nun sah vieles entschieden anders aus. Ich sah es in einem anderen, vor allem realistischeren Blickwinkel. Die Schuld, in die ich mich verstrickt hatte, trat jetzt ganz deutlich zutage. Ein Ausweichen, Beschönigen oder Verdrängen war nicht möglich, ich mußte Farbe bekennen. Hierin lag die einzige Möglichkeit, wenn ein Neubeginn Bestand haben sollte. Dies wurde ganz deutlich. Es war eine regelrechte Herausforderung, der ich mich stellen mußte, ein Prüfstein, dem ich nicht aus dem Wege gehen konnte.

Bevor aber dieser neue Anfang beginnen konnte, mußte ein Schlußstrich unter die Vergangenheit gezogen werden. Ich hatte mich schon des öfteren mit diesem Gedanken befaßt, aber weder den Mut noch die rechte Entschlossenheit für einen solchen Schritt aufgebracht. Vielleicht war es auch das Wissen, daß ich es alleine doch nicht schaffen würde. Um die Vergangenheit aufzuarbeiten, war Hilfe erforderlich, eine Hilfe, die leitet, korrigiert, bremst oder anschiebt, je nachdem, was nötig war. Ich strebte eine radikale Wende an, weg von der kriminellen Schiene, auf die ich geraten war und die mich für viele Jahre ins Gefängnis gebracht hatte. Die Schuld, mit der ich nun leben mußte, trat immer deutlicher zutage. Sie wurde zu einer regelrechten Last, zu einer schmerzhaften Bürde. Nichts sollte mehr hinzukommen, ein für allemal sollte damit Schluß sein. Mein Konto war überzogen, mehr wollte ich nicht mehr zulassen. Nun galt es, die verschütteten Werte der Moral wieder freizulegen. Das konnte ich nicht allein, aber in der Person des Psychologen hatte ich die erforderliche Hilfe gefunden.

Durch unsere Gespräche wurde deutlich: Das schöne Leben, das ich meinte mit Geld kaufen zu können, war nicht realisierbar. Der Maßstab, an dem ich mich orientiert hatte, war völlig utopisch. Ich hatte jeden Bezug zur Realität verloren. Meine Forderungen an das Leben wa-

74

ren ohne jedes Maß. Ich hatte vom großen Geld geträumt, um ein vermeintlich glückliches Leben führen zu können. Im Grunde war mir klar, daß es auf die Dauer nicht gut gehen konnte, mir dieses Geld stets auf kriminelle Weise zu verschaffen. Es ist unmöglich, auf so rücksichtslose Weise, wie ich das praktiziert hatte, eine Zukunft aufzubauen. Aber diese Einsicht, die in Ansätzen immer wieder auftauchte, führte nicht zu einer Verhaltensänderung. Ich tat, was ich meinte tun zu müssen. Es bedurfte einiger Zeit, bis ich dieses fatale Denkschema durchschaute, bis ich richtig begriff, daß dies kein Weg war. Ich mußte weg von diesem Gelddenken, weg von dieser übersteigerten Ichsucht. Andere Wertmaßstäbe mußten entwickelt werden. Unter der Leitung des Psychologen formte und festigte sich ein Weg, der eine neue Perspektive aufwies.

Die Gespräche, die Anregungen und Erkenntnisse führten mit der Zeit zu einem völligen Wandel meiner bisherigen Einstellung zum Leben. Ich merkte, daß ich immer mehr von der durch kriminelles Gedankengut bestimmten Denk- und Lebensweise abkam, daß andere Werte und neue Maßstäbe für mich wichtig wurden. Deutlich stand mir meine Vergangenheit vor Augen. Was hatte ich nicht alles aufs Spiel gesetzt, um meine Wünsche an das Leben realisieren zu können! Erschreckend wurde deutlich, daß ich restlos alles riskiert hatte, um meine egoistischen Vorstellungen zu verwirklichen.

Eine Begebenheit bestätigte mich in meinem Bemühen und war so etwas wie ein Erfolg. Ich hatte beim Kaufmann, der in Abständen mit Waren in die Anstalt kommt, mittels einer Gutschrift eingekauft. Aus irgendeinem Grund war es unterblieben, die Gutschrift über hundert Mark an der Kasse abzugeben. Der Kassiererin war dies ebenfalls nicht aufgefallen. Ich brachte die eingekaufte Ware in meine Zelle und begab mich in den Hof zur Freistunde. Nach einiger Zeit stellte ich plötzlich fest, daß die Gutschrift sich noch in meiner Tasche befand. Ganz spontan ging ich zum Kaufmann und gab sie ab. Erst hinterher wurde mir bewußt, daß ich etwas getan hatte, was ich früher unterlassen hätte. Dieses Verhalten war nur möglich geworden, weil mein Moralbegriff, in diesem Fall die Ehrlichkeit gegenüber dem Kaufmann, eine Wandlung erfahren hatte. Früher hätte ich die Gutschrift ohne den geringsten Skrupel nochmal verwendet oder sie an einen Mitgefangenen verkauft. Da der Kaufmann mit seinen Preisen nicht gerade zimperlich war und sein Monopol weidlich ausnützte, wäre früher ein solches Verhalten in meinen Augen völlig legitim gewesen. Aber jetzt hatte ich spontan anders reagiert.

Als mir das bewußt wurde, fühlte ich mich richtig wohl und war in gewisser Weise stolz auf mich selbst. Das positive Gefühl war der Lohn für mein Bestreben, von der negativen Schiene wegzukommen. Im Verlauf der Gespräche war deutlich geworden, wie sehr mein kriminelles Verhalten zu einer tiefgehenden Abkehr von allgemein gültigen sozialen Normen geführt hatte. Egoismus, Unehrlichkeit und Gefühllosigkeit hatten sich in meinem Leben breitgemacht. Mein sozialer Absturz war eine Tatsache. Ich hatte mich durch mein Verhalten ins totale Abseits manövriert, war asozial geworden.

Ein weiterer Punkt war das Schuldbewußtsein. Kurz nach meiner Verhaftung brach es massiv und sehr schmerzhaft in mein Leben ein. Es war ein regelrechter Schock. Aber mit der Zeit verblaßte diese Wirkung. Es war mir gelungen, das Schuldgefühl zu verdrängen. Jetzt, bei der Aufarbeitung meiner Vergangenheit, trat es wieder zutage. Es kam aus der Schublade hervor, in der ich es vergraben hatte. Es war alles andere als angenehm, aber ich konnte dieser Herausforderung nicht ausweichen. Nun hieß es, ganz konkret zu meinem Fehlverhalten Stellung beziehen. Sich schuldig machen, auch darum zu wissen, ist eine Sache; sich nach einer langen Verdrängungsphase dazu bekennen, ist eine andere und schwierigere. Mit Unterstützung des Psychologen gelang es mit der Zeit, einen anderen Bezug zu den Schuldgefühlen, die mich nach wie vor belasteten, zu finden. Er verstand es, mich immer wieder aus der negativen und depressiven Haltung, in die ich wiederholt geriet, herauszuführen.

Entscheidend war dabei die religiöse Entwicklung. Die deutlich gewordene Schuld wurde zum Nährboden für die Botschaft des Evangeliums, mit der ich mich täglich befaßte. Die sich daraus ergebenden Erkenntnisse trugen zu der allgemeinen Veränderung meiner bisherigen Lebenseinstellung bei. Sie wurden mit der Zeit zum tragenden Fundament bei meinem Bemühen, Ordnung in mein Leben zu bringen. In unseren Gesprächen war hiervon zunächst überhaupt nicht die Rede. Es war eine ganz persönliche Erfahrung; so hatte ich eine gewisse Scheu, dieses Thema zur Sprache zu bringen. Es bedurfte einer Zeit der inneren Reifung, bis ich dazu in der Lage war.

Der neue Weg in eine von Gott begleitete Zukunft ermöglichte mir einen besseren Umgang mit den Schuldgefühlen. Daß ich mich gegenüber Mitmenschen schuldig gemacht hatte, damit mußte und muß ich leben. Die Schuld war zu schwer, um erwarten zu können, daß die davon Betroffenen mir verzeihen würden. Aber vor Gott konnte ich mit meiner Schuld treten. Wenn ich sie vor ihn trug und ihn um Verzeihung bat, konnte ich darauf vertrauen, daß er mir meine Schuld vergeben würde. Dieser Gedanke gab mir Halt und Hoffnung.

Durch das Lesen der Heiligen Schrift lernte ich den liebenden Gott kennen. Alles, was mich belastete, konnte ich vor Gott bringen. Die positiven Lebenserfahrungen zeigten mir, daß Gott mich auch mit all meinen Fehlern und Schwächen annahm und nicht verstieß. Dies zu erfahren und zu erleben machte Mut. Gottes unvergleichliche Liebe und Güte war ein Geschenk, beileibe keine Selbstverständlichkeit. Es hat mich aufgerüttelt und sensibel werden lassen für alles, was mich betraf, aber auch für meine Mitmenschen, wobei meine Mitgefangenen eingeschlossen sind.

Man kann es nicht in Worte fassen, zu groß ist das Geheimnis von Gottes Macht und Güte. Seinem Wirken kann man sich nur in Demut beugen. Ich spürte dies noch nicht in seiner ganzen Bedeutung, aber es war schon eine Ahnung da, die mich ergriff und ganz klein werden ließ. Dankbarkeit zog in mein Herz ein, es wurde zu einem festen Bestandteil meines Lebens. Alles entwikkelte sich mit einer gewissen Zaghaftigkeit, vergleichbar mit dem Tasten in einem noch unbekannten Raum, in einem Bereich, der mir bislang fremd war.

Die Gottesliebe umhüllte mich und entzündete auch in meinem Herzen Liebe, während ich mich um ein gottgefälliges Leben bemühte. Ich fühlte mich nicht mehr allein, die Schuld drückte nicht mehr so stark. Sie ist nach wie vor da und wird es wohl immer bleiben. Aber sie kann mich nicht mehr erdrücken. Sie ist leichter zu tragen und tut auch nicht mehr so weh. Alles, was geschehen war, war nicht völlig umsonst gewesen; es hatte Folgen, heute kann man sagen, positive Folgen.

Begleitet wurde diese Entwicklung durch unseren Pfarrer. In wenigen Worten machte er immer wieder deutlich, worauf es ankam. Er drängte sich nicht auf, war aber für mich da, wenn ich Fragen oder Wünsche hatte.

So wurde mein Weg zum Glauben immer fester und sicherer. Die Stimme des Evangeliums wurde deutlicher und fordernder. Ich bemühte mich, meine Lebens- und Verhaltensweise darauf auszurichten. Begriffe wie Aufrichtigkeit, Sanftmut, Geduld und Nächstenliebe gewannen an Bedeutung und verlangten eine Änderung meiner bisherigen Einstellung zum Leben.

Neue Wertvorstellungen wurden wichtig und bestimmten mein Denken und Handeln. Meine Mitgefangenen wurden mir zu Mitbrüdern! Ich konnte nun auf sie zugehen und manche zweifelhaft erscheinenden Verhaltensweisen ohne Widerspruch hinnehmen.

Eine weitere Folge dieser Entwicklung bestand darin, daß ich versuchte, wieder Kontakt zu meinen Eltern zu bekommen, der vor vielen Jahren abgerissen war. Als ich in Untersuchungshaft war, kam einmal ein Brief von meiner Mutter. Darin schrieb sie, daß der Herrgott mir die Kraft geben möge, mit meinem Schicksal fertig zu werden. Aber ich spielte den über so etwas Erhabenen, war stur und verbohrt und hatte ihr nicht geantwortet. Jetzt, vier Jahre später, war es dem Wirken Gottes zu verdanken, daß ich mich hinsetzte, um der Mutter zu schreiben. Die gestörte Beziehung zu den Eltern hatte mir nie behagt, besonders der Mutter gegenüber, die immer besonders herzlich gewesen war. Aber es war mein falscher Stolz und mein sturer Kopf, der es nicht zuließ, vor den Eltern mein Versagen einzugestehen. So nagte jahrelang in mir ein Gefühl der Unzufriedenheit.

Nun aber hatte mein Leben eine Wende erfahren. Vieles hatte sich schon zum Guten gewendet, es lag mir auf der Seele, auch das gestörte Verhältnis zu den Eltern zu klären. Zunächst fehlte mir aber der Mut, die Angelegenheit ins Reine zu bringen. Der Auslöser, der mich veranlaßte, der Mutter zu schreiben, war ein Film, der im Fernsehen gezeigt wurde: „Katarina komm!" Es war eine Dokumentation der letzten Tage und Stunden einer schwangeren Frau vor ihrer Niederkunft. Dieser Film hat mich zutiefst ergriffen und aufgerüttelt. Zum ersten Mal in meinem Leben wurde mir in aller Klarheit bewußt, was die Geburt eines Kindes im Leben einer Frau bedeutet. Ich konnte regelrecht mitempfinden, welche Mühe und Qual, aber auch Erleichterung und Freude eine werdende Mutter erlebt. Der Film wurde zu einem Schlüsselerlebnis und führte mir deutlich vor Augen, was ich mit meinem Schweigen meiner Mutter antat. Diese Erkenntnis traf mich wie ein Schock. Ich geriet in eine große innere Unruhe, die nicht mehr nachließ. In aller Schärfe wurde deutlich, daß es nicht mehr wie bisher weitergehen konnte. Wenn ich mich als Christ betrachten wollte, wenn ich weiterhin zum Tisch des Herrn gehen wollte, dann mußte ich auch die Beziehung zu den Eltern wieder in Ordnung bringen. Zumindest mußte ich mich darum bemühen.

Das anschließende Gespräch mit dem Psychologen half mir, mich zu entscheiden. Dann setzte ich mich hin und schrieb der Mutter einen Brief. Zu ihr fühlte ich mich nach wie vor hingezogen. An sie schrieb ich nun, mich zu meinen Fehlern bekennend und um Verzeihung bittend. Das Verhältnis zum Vater war nicht das gleiche wie das zur Mutter. Aber auch ihm wollte ich die Hand reichen, allen Groll, den ich gegen ihn hegte, vergessen und begraben. Es fiel mir nicht leicht, aber ich war erleichtert, als ich diesen Schritt hinter mich gebracht hatte. Nun war der Damm gebrochen. Ich schickte den Brief ab und wartete bangen Herzens auf eine Antwort. Da zu meiner Familie überhaupt kein Kontakt bestand, wußte ich nicht einmal, ob die Eltern überhaupt noch lebten.

Tage später, ich fieberte regelrecht dem Verteilen der Post entgegen, kam Antwort. Den Brief der Mutter in Händen zu halten, die so vertraute Schrift zu sehen, war wie ein Geschenk des Himmels. Nie werde ich es vergessen. Immer und immer wieder las ich Mutters Zeilen. Mir wurde noch deutlicher, was für Leid ich den Eltern angetan hatte, zum einen durch meine Straftaten und dann auch noch durch mein Schweigen und die unberechtigten Schuldzuweisungen. Aus dem Brief der Mutter ging hervor, daß sie mir das nicht nachtrug. Auch sie war froh, von mir zu hören. „Kein Tag ist vergangen, an dem ich nicht an dich gedacht habe", schrieb die Mutter. Da war kein Groll, kein Vorwurf, da war nur Freude und Erleichterung. Und auch ich war mehr als erleichtert. Tränen der Freude, der Rührung und der Liebe flossen. Ich war richtig glücklich und froh, daß jetzt das Verhältnis zu den Eltern wieder in Ordnung gekommen war.

Die Mauer, die all die Jahre zwischen uns gestanden hatte, war eingerissen. Mein Leben hatte eine weitere Bereicherung erfahren. Dankbarkeit zog in mein Herz und führte mir vor Augen, wie wunderbar Gott alles zum Guten gewendet hatte. Nun hatten auch die Eltern wieder einen festen Platz in meinem Leben. Ich konnte wieder über sie reden, was ich vorher vermieden hatte. Es war schön, einfach schön, und ich war meinen Eltern sehr dankbar. Was jahrelang zwischen uns gestanden hatte, war abgebaut und überwunden. Danach entwickelte sich ein reger Briefverkehr, und sobald es den Eltern möglich war, kamen sie mich besuchen. Auch zu meiner jüngsten Schwester bekam ich wieder Verbindung, für mich umso wichtiger und wertvoller, als ich „die Kleine" sehr gerne hatte.

Neue Kontakte

Die Ikonen zogen mich immer weiter in ihren Bann. Ich hatte etwas gefunden, was mich innerlich in einer nicht definierbaren Weise ansprach. Ich spürte, daß hier der Schlüssel in eine neue Zukunft für mich lag. Sie waren wie ein Tor in ein positiveres Leben. Es wurde mir immer wichtiger, Ikonen zu malen. Also bemühte ich mich um eine andere Beschäftigung, damit mir nicht nur mehr Zeit, sondern auch Kraft blieb, die zum Malen von Ikonen erforderlich ist. Man kann sich ja nicht so hinsetzen und anfangen zu malen, wie man es sonst bei einem der Entspannung dienenden Hobby tut. Vielmehr ist es eine Tätigkeit, die ein erhebliches Maß an Konzentration fordert. Dies neben meiner Beschäftigung in der Buchbinderei aufzubringen, war ich einfach nicht mehr in der Lage. Pedantisch veranlagt, versuchte ich, diesen Wesenszug auch beim Malen der Ikonen mit einzubeziehen. Aber mein Bestreben, möglichst gut und exakt zu malen, wurde, da ich nach der Tagesarbeit müde war, erheblich beeinträchtigt.

So bemühte ich mich nach Rücksprache mit verschiedenen Bediensteten, die mir wohlgesonnen waren und mein Anliegen befürworteten, um den Job als Hausarbeiter und stellte einen entsprechenden Antrag. Die neue Arbeit würde zwangsläufig auch eine Veränderung meiner vollzuglichen Situation mit sich bringen. Ich wußte, daß es nach wie vor Bedenken wegen meiner angeblichen Gefährlichkeit gab. Einmal einen solchen Vermerk in den Akten zu haben bedeutete, über viele Jahre entsprechend abgestempelt zu sein. Als Hausarbeiter würde ich nicht mehr unter ständiger Beaufsichtigung arbeiten. Mein Bewegungsspielraum innerhalb des Hauses wäre erheblich vergrößert, was für die Anstaltsleitung in gewisser Hinsicht ein Risiko sein konnte. So gab es zunächst, wie erwartet, Komplikationen. Es dauerte an die drei Monate, bis nach wiederholten Interventionen von seiten mich unterstützender Bediensteter grünes Licht kam und ich den Arbeitsplatz erhielt.

Zu meinen Pflichten als Hausarbeiter gehörte, die Abteilung, in der sich auch mein Haftraum befand, sauberzuhalten. Ich wurde sozusagen Mädchen für alles und war für die Versorgung von etwa vierzig Mitgefangenen zuständig: Essen holen und austeilen, Schmutzwäsche einsammeln, zur Wäscherei bringen und neue Wäsche ausgeben, bei Bedarf Putzmittel verteilen, Lesewillige mit Büchern versorgen, den Müll einsammeln und entsorgen und vieles mehr. Nachdem ich mich eingearbeitet hatte, stand mir für das Malen wesentlich mehr Zeit zur Verfügung. Die Tätigkeit als Hausarbeiter war auch körperlich nicht so anstrengend und hatte zudem den Vorteil, daß ich mir die Arbeitszeit bis auf wenige Ausnahmen selbst einteilen und die günstigere Tageszeit für das Malen reservieren konnte.

Eines Tages wurde ich von einem Sozialarbeiter gefragt, ob ich mich mit den Ikonen an einer Ausstellung beteiligen wollte, die die Stadt Leverkusen ausrichtete und die künstlerische Arbeiten von Strafgefangenen zeigen sollte. Da ich meine Arbeiten nicht für ausstellungswürdig hielt, lehnte ich ab. Wochen später wurde ich zu einem Gespräch gebeten. Die Leiterin des Museums

Morsbroich und ein erfahrener Künstler suchten für die besagte Ausstellung geeignete Exponate. Gegen ein Gespräch hatte ich nichts einzuwenden, wollte aber keine fertigen Ikonen vorzeigen. Die beiden Besucher überredeten mich dann aber doch, und so zeigte ich ihnen zwei meiner Ikonen. Ich war zwar stolz auf das, was ich zustande gebracht hatte, wußte aber auch, daß die Arbeiten noch erhebliche Mängel aufwiesen.

Zu meiner Verwunderung zeigten sich die Besucher von den Ikonen angetan und brachten mich schließlich dazu, daß ich die Bilder für die Ausstellung zur Verfügung stellte. Der Maler, ein schon älterer Herr, fand es erstaunlich, daß ich ohne Vorkenntnisse, allein aus Büchern, ein solches Ergebnis erreicht hatte, denn ich würde mich mit einer sehr schwierigen Art der Malerei beschäftigen. Als ich ihm sagte, daß es mein ganzes Ziel sei, ein guter, ein richtiger Ikonenmaler zu werden, lächelte er verständnisvoll und brachte den Namen eines Kunsterziehers ins Gespräch, der mir vielleicht weiterhelfen könnte. Dieser hatte Jahre vorher in der Haftanstalt Kunstunterricht erteilt und interessierten Gefangenen die Techniken der Malerei vermittelt.

Der Sozialarbeiter, in dessen Büro das Gespräch stattfand, sagte zu, Kontakt zu dem Lehrer, der inzwischen Leiter einer Euskirchener Schule war, herzustellen.

Nach Wochen, ich arbeitete an einer Gottesmutter-Ikone, kam der Besuch zustande. Ich war natürlich gespannt und freute mich, einen Fachmann befragen zu können, denn ich hatte eine ganze Menge Probleme, war ich doch im Umgang mit den Materialien und Maltechniken noch sehr unsicher, und nicht selten gaben die Bücher auf meine speziellen Fragen keine Auskunft. Das Gespräch wurde für mich außerordentlich ergiebig. Zunächst zeigte sich mein Besucher erstaunt und voll des

Lobes über meine bisherigen Arbeiten, hatte er doch eine gänzlich andere Vorstellung und wähnte mich noch völlig in den Anfängen. Dann überhäufte ich ihn regelrecht mit Fragen. Da ging es um die Herstellung der Farben, deren Konsistenz und unterschiedlichen Verarbeitungsweisen, um Versiegelungsarten, um Vergoldungstechniken, auch um Art und Beschaffenheit des Malgrundes. Diesen lobte er besonders und beruhigte mich mit dem Hinweis, daß die hierbei auftretenden Probleme normal seien. Ich würde sie hervorragend meistern, meinte er. Auch beim Thema Vergoldung erklärte er mir, mit wie vielen Schwierigkeiten selbst erfahrene Vergolder zu kämpfen hätten. So bekam ich viel Ermutigung, viele Antworten und praktische Tips. Als besonders hilfreich erwies sich später die Adresse eines Händlers, von dem ich nicht nur preisgünstigeres und qualitativ besseres Material beziehen konnte. Ich konnte mich auch mit ganz speziellen Fragen an ihn wenden, und er half mir immer weiter.

Nach diesem Gespräch schwirrte mir der Kopf. Ich hatte in kürzester Zeit eine Fülle von Informationen erhalten, allesamt wichtig und hilfreich für meine weitere Entwicklung. Es war der erste persönliche Kontakt zu einem Fachmann und eine Bestätigung meines Weges. Bisher war es ja nicht möglich gewesen, ein wirklich fachkundiges Urteil über meine Arbeit zu erhalten. Mir selbst war nur allzu sehr bewußt, wie viele Mängel sie aufwies, zumal ich im Umgang mit den Materialien noch sehr unsicher war. Nun erfuhr ich, daß ich eigentlich in kurzer Zeit zu hohe Anforderungen an mich selbst stellte, daß ich mich bemühen sollte, das bisher schon Erlernte zu vertiefen und reifen zu lassen. Alles bedürfe einer gewissen Erfahrung, die sich erst auszahle, wenn man sein Ziel kontinuierlich verfolgt. Dabei müsse jeder Maler seinen eigenen Weg suchen und gehen. Hinweise der einschlägigen Literatur könnten lediglich Anhaltspunkte und Orientierungshilfe für ein eigenständiges Arbeiten sein, bekam ich zu hören. Alle diese neu gewonnenen Einsichten und Erfahrungen wollte ich beherzigen und in die Tat umsetzen.

In der Folge beschaffte ich mir weitere Ikonenliteratur und vertiefte mein Hintergrundwissen. Daraus wuchs mit der Zeit der Wunsch, Kontakt zur orthodoxen Kirche aufzunehmen. Ich meinte, eine persönliche Verbindung könnte für meine weitere Entwicklung wichtig sein. Ich erhoffte mir ein besseres Verständnis für alles, was diesen Christen wichtig ist, und dazu gehören ja die Ikonen, die nicht nur ein wesentlicher Teil der Liturgie sind, sondern die man sich auch aus dem Leben der Orthodoxen nicht wegdenken kann.

Besonders hingezogen fühlte ich mich zur Liturgie der orthodoxen Kirche. Dabei hatte ich noch nie an einem solchen Gottesdienst teilgenommen und kannte ihn nur vom Fernsehen, aus Büchern und Kassetten. Alles sprach mich sehr stark an: die feierlichen Riten, die prächtigen Gewänder, die geheimnisvollen Gesänge, die ehrfürchtige Atmosphäre und natürlich die Ikonen, die als etwas Heiliges gelten. Alles zusammen vermittelt ein mystisches Erleben, das dem Gottesdienst der katholischen Kirche besonders nach der Liturgiereform fremd geworden ist. Der Ablauf der heiligen Messe wurde einfacher und auch nüchterner. Mir schien das eine fragwürdige Anpassung an den allgemeinen Trend der Zeit, und so sagte mir die orthodoxe Liturgieform mehr zu. Ich verspürte den Wunsch, zu dieser Kirche zu gehören. Dabei hatte ich gegenüber meinem katholischen Glauben kein schlechtes Gewissen, denn eine Konversion hieße ja nicht meinen bisherigen christlichen Glauben aufzugeben; an ihm würde sich dadurch mit Sicherheit nichts ändern.

In einem Gespräch mit dem Pfarrer erwähnte ich, daß ich mich mit dem Gedanken einer Konversion zur orthodoxen Kirche tragen würde. Er hatte für meine Hinwendung zur Orthodoxie Verständnis und meinte, dies sei im Grunde zu erwarten gewesen. Ich fühlte mich wie am einen Ufer des Flusses stehend, während die Fähre am anderen Ufer lag; alles war noch weit weg für mich. Was sich drüben befand, konnte ich nur erahnen. Aus der Begegnung mit orthodoxen Christen erhoffte ich mir Hilfe, um an das für mich noch nicht erreichbare Ufer zu gelangen.

Die eigentliche Botschaft, welche die heiligen Bilder vermitteln, war mir noch verborgen. Ich sah und erkannte noch nichts, aber es gab eine innere Stimme, die mir keine Ruhe ließ und eine wachsende Neugierde nährte. Ich wußte einfach zu wenig, um Zusammenhänge erkennen zu können. Alles, was in irgendeiner Weise mit der orthodoxen Kirche zusammenhing, weckte nun mein Interesse. So gelangte ich an Informationsmaterial über die russisch-orthodoxe Auslandskirche in Deutschland, von deren Existenz ich bisher keine Ahnung hatte. Ich schrieb an ihren Bischof, schilderte meine Situation und mein Bemühen, Ikonen malen zu wollen, und brachte dabei den Wunsch zum Ausdruck, ein orthodoxer Christ werden zu wollen, also zu konvertieren.

Schon bald bekam ich eine Antwort aus München. Man teilte mir mit, der Bischof habe mein Schreiben an den für meinen Aufenthaltsort zuständigen Priester weitergeleitet, der mit mir Kontakt aufnehmen würde. Nach einiger Zeit kam ein Brief vom zuständigen Erzpriester, der sich erfreut gab, seinen Besuch ankündigte und über meine Vergangenheit Näheres wissen wollte. Ich antwortete und schilderte die Hintergründe, die mich ins Gefängnis gebracht hatten, damit er sich von meiner Person ein besseres Bild machen konnte.

Ich weiß nicht, ob ihn dies schockiert hat, denn ich bekam keine Antwort, und der angekündigte Besuch blieb ebenfalls aus. Damit hatte ich nicht gerechnet und war natürlich enttäuscht. Wochen später kündigte man mir den Besuch von einem orthodoxen Diakon an, der in seiner Eigenschaft als Bewährungshelfer einen Gefangenen besuchte. Das Gespräch dauerte nicht lange und war von ausgeprägter Zurückhaltung gekennzeichnet. Ich hatte den Eindruck, daß man meinem Anliegen, in einer orthodoxen Gemeinde aufgenommen zu werden, mit großer Reserve begegnete. Ein Straftäter meiner Kategorie war offenbar nicht genehm.

Im Gespräch erzählte ich dem Diakon von meiner Absicht, Ikonenmaler werden zu wollen. Dazu erklärte er mir, daß das Ikonenmalen kaum zur Bestreitung des Lebensunterhalts reichen würde. Und mein Wunsch, konvertieren zu wollen, könne erst zu einem späteren Zeitpunkt in Erwägung gezogen werden; das sei eine schwierige Entscheidung, auch sei das Leben eines orthodoxen Christen nicht leicht, wobei er die Fastenregeln erwähnte. Ich konnte dies alles nicht recht nachvollziehen und gewann den Eindruck, daß man mit meinem Anliegen nicht gerade glücklich war. Jedenfalls wollte der Diakon mit dem Erzpriester reden, und dieser würde mich dann wohl besuchen kommen. Auch wollte man sich bemühen, Kontakt zu einem Ikonenmaler herzustellen. Ich erhielt noch einige Schriften, und damit war das Gespräch beendet. Danach hörte ich nichts mehr.

Den Broschüren entnahm ich die Adresse eines orthodoxen Priesters aus dem Raum Koblenz, der als verantwortlicher Herausgeber aufgeführt war. Das Heft interessierte mich, da ich mir davon einen weiteren Einblick in die Belange und Eigenheiten der orthodoxen Kirche versprach. Ich schrieb ihm, was mich so beschäftigte, und bekam umgehend Antwort. Es war ein ermutigender Brief. Ich bekam die Zusage, die Zeitschrift regelmäßig zugeschickt zu bekommen. Beigefügt war das Handbuch und die Glaubenslehre sowie ein Katechismus für orthodoxe Christen. Er bot mir auch einen Besuch an, wenn ich dies wünschte.

Ich war natürlich froh, nun einen Ansprechpartner gefunden zu haben, der mehr Interesse an meiner Person zeigte. Auf meinen Antwortbrief bekam ich seltsamerweise keine Antwort, auch der angebotene Besuch blieb aus. Dafür ließ mich eines Tages der Bewährungshelfer holen. In dem kurzen Gespräch erfuhr ich, daß man mit dem von mir angeschriebenen Priester gesprochen habe und daß die Absicht bestände, in der Vollzugsanstalt einen orthodoxen Gottesdienst zu feiern. Ich bekam auch die Anschrift eines erfahrenen Ikonenmalers, der mir behilflich sein wollte.

Mit ihm nahm ich Verbindung auf und erfuhr, daß er schon über siebzig Jahre alt wäre und nicht mehr die Kraft und Zeit hätte, mir helfen zu können, doch bereit wäre, mich zu beraten. Das war zwar nicht das, was ich mir nach der Ankündigung meines Besuchers erhofft hatte, aber ich war froh, wenigstens einen sachkundigen Ansprechpartner zu haben, an den ich mich mit den Fragen wenden konnte, über die in den Fachbüchern nichts zu finden war. Ich schickte dem Ikonenmaler Fotos von einigen Arbeiten, die ihm vermitteln sollten, was und in welchem Stil ich malen würde, und war gespannt auf sein fachkundiges Urteil. Die Antwort ließ nicht lange auf sich warten und war niederschmetternd. Ich hatte nicht mit großem Lob gerechnet, weil mir die Mängel meiner Arbeiten selbst nur allzu bewußt waren. Mir ging es in erster Linie um praktische Hinweise, was ich besser machen könnte. So war ich auf Kritik eingestellt, aber mit einer solchen deprimierenden Beurteilung hatte ich nicht gerechnet. Sie stand in krassem Gegensatz zu allen bisherigen Reaktionen. Der Ikonenmaler berief sich auf seine mehr als vierzigjährige Erfahrung und seine langjährige Tätigkeit als Dozent für Ikonenmalerei. Alle seine Schüler wären mit solchen oder ähnlichen Arbeiten zu ihm gekommen, und alle hätten völlig umdenken und umlernen müssen, um nach einem von ihm entwickelten Konzept Ikonen zu malen.

Dies war sein ganzer Kommentar zu den Fotos. Eine nachvollziehbare Begründung für sein vernichtendes Urteil fehlte. Ich empfand diese pauschale Beurteilung als höchst unbefriedigend. Auch konnten mich Fotos von Ikonen aus seiner Hand, die dem Schreiben beigefügt waren, nicht überzeugen, daß seine Art, Ikonen zu malen, die richtige sei. Die Abbildungen entsprachen überhaupt nicht den Ikonen, wie ich sie aus den einschlägigen Büchern kannte. Vielmehr hieß es in ihnen immer wieder, wie wichtig es sei, sich möglichst eng und genau an guten Vorbildern zu orientieren. Dem widersprachen die vor mir liegenden Fotos ganz erheblich. Die Unterschiede waren zu augenfällig. Ich war natürlich verwirrt, denn als Anfänger wollte ich das Wissen und Können eines Malers mit so langer Erfahrung keineswegs in Frage stellen. Aber mein Verstand sträubte sich, so ein Urteil ohne weiteres hinzunehmen. Mir wurde überhaupt nicht klar, was an meinen Arbeiten so völlig falsch sein sollte. Zunächst war ich völlig verunsichert und in meiner ganzen Aktivität blockiert. Dann zog ich Bücher über das Herstellen von Ikonen zu Rate, darunter eines,

90

das in einer Fachzeitschrift als das zur Zeit beste bezeichnet wurde. Mit allem, was ich hier las, stimmten meine Arbeiten wenigstens im Ansatz überein. Sie entsprachen durchaus der Tradition der Ikonenmalerei.

Ich zeigte das Schreiben und die Fotos vertrauenswürdigen Leuten, um deren unvoreingenommenes Urteil zu hören. Es waren zwar durchweg Laien, und sie urteilten lediglich nach ihrem optischen Eindruck, aber sie bestätigten, daß meine Ikonen eine solch niederschmetternde Kritik nicht verdienten. Auch wenn dies die Meinung von nicht eigentlich Fachkundigen war, wuchs meine Skepsis gegenüber dem Ikonenmaler. Ich begann, das Material, das er mir über seine eigenen Arbeiten geschickt hatte, genau zu analysieren, und wurde stutzig. Da waren Fotos von Ikonen, die zum Teil ganz erheblich von der traditionellen Ikonenmalerei abwichen. Da war sein ausdrücklicher Hinweis, wie wichtig die Randornamentik sei, da sie einem Fachmann eine genaue zeitliche Einordnung ermögliche. Ornamentierungen, wie sie auf den Fotos zu sehen waren, sind mir aber bis dahin und auch später nie begegnet. Da war seine Behauptung, daß Ikonen erst ab Mitte des 17. Jahrhunderts vergoldet wurden, was nachweislich falsch ist. Auch sein Hinweis, daß zum Ikonenmalen das Beten nicht unbedingt erforderlich sei, widersprach ebenfalls eindeutig dem, was in der Literatur stand.

Eines der beigefügten Manuskripte zum Thema Ikonenmalen erweckte ganz besonders mein Mißtrauen. Es gehörte zu einer ganzen Reihe von Abhandlungen, die als eigene Arbeiten gekennzeichnet waren. Dabei handelte es sich aber um den fotokopierten Text eines Aufsatzes, der in der Zeitschrift Hermeneia, eines Fachorgans für ostkirchliche Kunst, von einem bekannten Autor und Ikonenmaler veröffentlicht worden war. Der

Name dieses Autors war offensichtlich vor dem Kopieren abgedeckt worden. Ich merkte das, weil ich den Artikel schon vorher kannte. Außerdem war die Vorzeichnung für eine Christus-Ikone als Eigenentwurf ausgegeben, dabei handelte es sich um nichts anderes als eine mangelhafte Nachzeichnung einer Ikone, die 1394 Metropolit Johannes Zagraphos gemalt hatte. Von dieser Ikone besaß ich zufällig eine gute Wiedergabe, so daß ich mir ein solches Urteil erlauben konnte. So wurden meine Zweifel an der Glaubwürdigkeit dieses Ikonenmalers immer größer. Doch war mir selbst in meinem eigenen Dilemma nicht geholfen. Seine Kritik wurde für mich zunehmend fragwürdiger, zumal ein weiterer Brief von mir unbeantwortet blieb.

Seit einiger Zeit bestand zwischen der Leiterin des Ikonenmuseums in Recklinghausen und mir ein brieflicher Kontakt. Ich hatte sie in meiner Anfangsphase angeschrieben und um Informationsmaterial gebeten. In Abständen schickte sie mir eine Schriftenreihe, die mein Wissen über Ikonenmalerei wesentlich erweiterte, zumal die Artikel leicht verständlich waren, und mir auch in der handwerklichen Entwicklung entscheidend weiterhalf. Ihr schickte ich nun ebenfalls Fotos und bat um eine Bewertung. Sie antwortete, daß sie sich in der zeitgenössischen Ikonenmalerei nicht besonders gut auskenne, aber erstaunt sei, welch hohes Niveau meine Malerei besitze, zumal ich ja völlig allein und ohne Anleitung eines Lehrers arbeiten würde. Meine Ikonen würden nahezu perfekt wirken und mit zu den besten gehören, die sie bisher gesehen habe. Mit solch einem positiven Urteil hatte ich nicht gerechnet, aber es war Balsam für meine von Zweifeln geplagte Seele. Also lag ich mit meiner Malerei doch nicht so falsch! Mein stark angeknicktes Selbstbewußtsein bekam durch diese Expertin wieder Auftrieb. Auch wenn sie überwiegend mit alten Ikonen zu tun hatte, konnte sie sicherlich beurteilen, ob meine Arbeiten der Tradition entsprachen oder nicht.

Ich schöpfte also neuen Mut. Die positiven Kritiken, die bisher von Laien geäußert wurden, waren demnach nicht völlig unbegründet. Auch wenn das Urteil der Fachleute naturgemäß ein ganz anderes Gewicht besitzt, so war mir die Meinung sogenannter Laien dennoch wichtig, in gewisser Weise sogar sehr wichtig. Ich wollte ja gewöhnliche Menschen mit diesen Bildern ansprechen und nicht nur die Experten. Beim Betrachten der Ikone entsteht ein persönlicher Eindruck, der bei jedem Menschen anders sein kann. Der Betrachter soll sich von der Botschaft ansprechen lassen, die von dem Bild ausgeht. Ikonen vermitteln die Gegenwart des Jenseitigen und werden deshalb „Fenster zur Ewigkeit" genannt. Es ist eine ganz persönliche Botschaft, die von jedem Menschen individuell aufgenommen wird. Dabei muß er nicht unbedingt Christ sein, auch wenn diesem die Bilder natürlich etwas Besonderes bedeuten. Aber auch Menschen, die keinen Bezug zum Glauben und der christlichen Tradition haben, können sich von den heiligen Bildern angesprochen fühlen.

Mein Problem bestand darin, daß ich weitgehend auf mich allein angewiesen war. Ich konnte bei konkreten Schwierigkeiten niemanden direkt fragen. Alle Bemühungen, Kontakt zu einem Ikonenmaler zu finden, der mir bei der Bewältigung der vielfältigen Schwierigkeiten helfen konnte, waren gescheitert. So mußte ich mich weiterhin an Textdarstellungen, Bildern und Zeichnungen orientieren, die ich in Büchern und Fachzeitschriften fand.

Verlaß dich nicht auf deinen Verstand

Durch Vermittlung von seiten der Anstaltsleitung kam nach einiger Zeit ein erneuter Konkakt zustande. Ich lernte einen Maler kennen, der im Umland als Ikonenmaler bekannt war, auch wenn er selbst sich nicht so bezeichnete. Ich schöpfte wieder Hoffnung und glaubte, nun die ersehnte Hilfe gefunden zu haben. Zunächst schrieb ich ihm einen ausführlichen Brief, mit den Hintergründen, die mich zum Ikonenmalen bewegten. Offensichtlich fühlte er sich davon angetan, denn wenige Tage später besuchte er mich.

Nach dem ersten Gespräch und nachdem er einige meiner Arbeiten gesehen hatte, bewertete er sie als so gut, daß er mir, wie er sagte, nichts mehr beibringen könnte. Bei der Unterhaltung stellte sich dann heraus, daß er über Einzelheiten der Bildmotive oder Arbeitstechniken wenig Bescheid wußte, denn auf viele meiner Fragen konnte er mir keine Antwort geben. Dabei war er mir als Mensch ausgesprochen sympathisch und in seiner Art eine bemerkenswerte Persönlichkeit, die trotz ihres Alters einen sehr lebendigen Eindruck machte. So vereinbarten wir einen weiteren Besuch, zu dem er zwei kleine Ikonen mitbrachte. Da wurde deutlich, daß er kein Ikonenmaler im herkömmlichen Sinne war. Sein Malstil wich ganz erheblich von dem meinigen ab. Er malte mit Ölfarbe, benützte möglichst beschädigtes

Holz, Bretter, aber auch Balkenteile und patinierte alles auf alt. Die Malweise war sehr großzügig, eine Manier, die erst zur Wirkung kommt, wenn man einen gewissen Abstand zum Bild hat. Mit der traditionellen Ikonenmalerei hatte das nicht viel zu tun.

Er gab mir den Rat, ich solle nicht in so zeitaufwendiger Weise wie bisher malen. Ein solch exakter Malstil sei nicht erforderlich und würde auch nicht bezahlt werden, argumentierte er. Ikonen zu produzieren und damit Geld zu verdienen lag nun aber überhaupt nicht in meiner Absicht. Mein Anliegen war, möglichst beizutragen, daß die Tradition der Ikonenmalerei in ihrer ursprünglichen Form erhalten blieb, und dazu benötigte ich die Hilfe eines erfahrenen Meisters. Auf keinen Fall wollte ich ikonenähnliche Bilder malen, um sie für möglichst viel Geld zu verkaufen. Die Folge davon war, daß er offensichtlich kein Interesse mehr an mir hatte, denn weitere Besuche blieben aus. Ich war wieder auf mich allein angewiesen und bemühte mich, Ikonen in der Form zu malen, die ich für richtig hielt. Aber die Hoffnung, eines Tages doch noch einen Meister zu finden, bei dem ich in die Lehre gehen könnte, habe ich nicht aufgegeben.

Durch das Lesen und Studieren einschlägiger Bücher und Zeitschriften vertiefte sich mein Wissen über die orthodoxe Kirche, deren Gottesdienst und Lebenswelt. Ich fühlte mich dadurch immer mehr zu dieser Kirche hingezogen, wußte aber nicht, an wen ich mich mit meinem Anliegen wenden sollte. Die bisherigen Ansprechpartner gaben sich weiterhin reserviert. Ich wollte nicht aufdringlich erscheinen und tröstete mich mit dem Gedanken, daß sich die Angelegenheit mit der Zeit schon irgendwie lösen würde. Geduld war gefordert.

Um eine christliche Lebensform bemüht, vermehrte ich das Beten und vertraute darauf, daß Gott mir helfen würde. Im Tageskalender fand ich aus dem Buch der Sprichwörter (3,5) den Satz: „Verlaß dich auf den Herrn von ganzem Herzen, und verlaß dich nicht auf deinen Verstand." Das schien mir in dieser Phase meines Lebens eine klare Weisung zu sein. Ich befestigte den Spruch in Augenhöhe an meinem Arbeitsplatz. Er hat mir in mancher verzwickten Situation die Kraft vermittelt, sie zu meistern.

Dem Handbuch für orthodoxe Christen entnahm ich einige Gebete, die mich ansprachen, und fügte sie meinem Tagesgebet bei. Bildbände, Tonkassetten und Gespräche bestärkten meinen Wunsch zu konvertieren. Der Gedanke, einer orthodoxen Gemeinde anzugehören, sozusagen von ihr getragen zu werden, erschien mir immer verlockender. Ich beschäftigte mich mit den Glaubensregeln, machte mir die Form der orthodoxen Bekreuzigung zu eigen und nahm mir vor, die Fastenvorschriften einzuhalten. Die Hinwendung zur Orthodoxie wurde immer enger und der Bezug zu den Ikonen immer tiefer.

In diesem Zeitraum fand in Leverkusen die schon erwähnte Ausstellung statt, bei der unter dem Titel „Von drinnen nach draußen" künstlerische Arbeiten von Strafgefangenen gezeigt wurden. Nach dem Vorgespräch im Sommer hatte ich für diese Ausstellung einige meiner Arbeiten zugesagt. So wanderten fünf Ikonen nach Leverkusen und wurden dort im Forum des Rathauses der Öffentlichkeit zugänglich gemacht. Erstaunlicherweise erhielt ich Post von einem Besucher der Ausstellung, dem meine Ikonen gefielen. Ein Interessent wollte sogar alle Ikonen käuflich erwerben.

Für mich war dies eine weitere Bestätigung, daß ich mit dem Bestreben, Ikonen malen zu wollen, durchaus auf dem richtigen Weg war. Auch wenn mir die Unvollkommenheit meiner Arbeiten nur allzu bewußt war, blieb ich zuversichtlich und vertraute auf die Hilfe Gottes, der mir diesen Weg gezeigt und mir bislang immer geholfen hatte. Diese Zuversicht ließ mich Rückschläge gelassener ertragen und auch in Zeiten voller Zweifel durchhalten, in denen ich am liebsten alles aufgegeben hätte.

Die Ausstrahlung, die von den heiligen Bildern ausgeht, nahm mich immer stärker gefangen. Es läßt sich schwer beschreiben, was mich an Ikonen so fesselt. Da ist die ausgewogene Harmonie der Farben, die innere Ruhe, die man geradezu einzuatmen meint. Da ist auch ein Staunen und Ahnen, in den Bildinhalten die Erfüllung einer geheimen, nie erfüllbaren Sehnsucht zu finden. Es ist, als ob ein tiefer mystischer Strom von den Ikonen ausgeht, dem man sich nicht entziehen kann. Er umfängt den Betrachter und vermittelt ein Gefühl des inneren Einklangs, als ob eine verborgene Saite im Herzen zum Schwingen gebracht wird.

Der Gedanke, solche Bilder selbst schaffen zu dürfen, faszinierte mich und ließ das Herz schneller schlagen. Dahinter verbarg sich eine Ahnung von einer Erfüllung, Freude und ein Stück Seligkeit. Es wurde mir zum Bedürfnis, den Menschen etwas von der Schönheit dieser Bilder nahezubringen. Man bezeichnet die Ikonen nicht umsonst als „Fenster zur Ewigkeit", denn sie lassen den Gläubigen etwas von der unvergleichlichen Herrlichkeit, die Gott uns schenken will, erahnen. Auch ging es mir darum, zu zeigen, daß in einem Gefängnis durchaus etwas Positives entstehen kann. Verurteilt und eingesperrt sein muß nicht bedeuten, abgeschrieben und ausgestoßen, Strandgut der Gesellschaft zu sein. Erfährt der Strafgefangene die nötige Hilfe, kann der Aufenthalt im Gefängnis eine völlige Veränderung seiner bisherigen Lebenseinstellung bewirken. Aber es bedarf der Zuwendung verständiger Menschen, um auf solch einen Weg zu gelangen.

Meine Fortschritte beim Malen ließen mich hoffen, doch noch ein Ikonenmaler werden zu können. Dafür wollte ich meine ganze Kraft einsetzen. Dieser Wille wurde auch getragen von dem Wunsch nach Wiedergutmachung. Nun würde es mir möglich sein, durch die Arbeit meiner Hände Menschen zu erfreuen. Das war nicht nur Sühne für Schuld und Leid, die ich verursacht hatte. Jetzt konnte ich auch aus der totalen Anonymität einer Haftanstalt heraus etwas Positives vermitteln und zeigen, daß ich unter mein vergangenes Leben einen Schlußstrich gezogen habe. All dies wurde mir zum Anliegen, motivierte mich mehr und mehr und nährte den Wunsch, die Ikonenmalerei als Aufgabe und Ziel eines neuen Lebens zu sehen und zu verwirklichen.

Da war etwas Neues in mein Leben gekommen, wofür es sich auch lohnte, Opfer zu bringen. Ich wollte Ikonen malen, ganz um der Ikonen willen. Der kommerzielle Aspekt, die Möglichkeit, meine finanzielle Situation durch den Verkauf der Ikonen aufzubessern, trat völlig in den Hintergrund, tendierte zur Nebensächlichkeit. Aber das benötigte Material kostete Geld, so mußte ich mich einschränken, denn die Malerei war mir wichtiger. Im Lauf der Zeit verzichtete ich so gut wie völlig auf die Möglichkeit des Einkaufens und begnügte mich mit dem, was von der Anstaltsküche an Verpflegung geliefert wurde.

Beten und arbeiten bestimmte immer mehr den Tagesablauf. Meine Tätigkeit als Hausarbeiter ließ es zu, daß ich die überwiegende Zeit des Tages dem Malen widmen konnte. Da von außerhalb keine Hilfe kam, vertraute ich auf die Hilfe des Herrn. Immer wieder gab es Schwierigkeiten. Ein Problem wollte und wollte sich nicht lösen lassen, bis mir aufging, daß ich mich selbst viel zu stark in den Vordergrund gestellt und versucht hatte, mit meinen Fähigkeiten das Problem zu lösen. Wurde mir dies bewußt – was nicht immer gleich der Fall war – und nahm ich mich zurück, um das Problem in Gottes Hand zu legen, fand sich meist sehr schnell eine Lösung.

Es war immer die gleiche Erfahrung. Schien eine Sache noch so aussichtslos, inständiges Beten führte letztlich immer zu einer Wende. Oft war ich regelrecht am Ende, völlig verzweifelt und meiner Hilflosigkeit bewußt. Im Gebet fand ich Hilfe, Kraft und Vertrauen auch zu mir selbst. Diese Erfahrung schien mir eine ständige Herausforderung auf dem Weg zu einer neuen Lebensform zu sein. Da war immer noch der alte Mensch, der meinte, Probleme aus eigener Kraft bewältigen zu können, und immer wieder stieß er an seine Grenze. Stets war es nötig, daß er für seine Überheblichkeit um Verzeihung bat. Aufrichtige Demut aber und inständiges Gebet finden bei Gott Gehör.

Im Handbuch für orthodoxe Christen fand ich die vierundzwanzig Stoßgebete des hl. Johannes Chrysostomus. Sie gefielen mir. Mit ihnen begann und beendete ich den Tag. Eines dieser Gebete hatte es mir besonders angetan: „Herr, laß mich dich lieben von ganzem Herzen, von ganzer Seele und mit ganzem Verstand, und gib mir die Fähigkeit, in allem deinen Willen zu tun." Es war ein Gebet, das meine ganze Situation umfaßte und zum Ausdruck brachte, was mir von Herzen wichtig war. Ganz bewußt wollte ich mich dem Herrn unterordnen, auf ihn vertrauen und meine Arbeit, mein ganzes Leben seiner Obhut unterstellen. Der Tag und alles, was ich tat, war von diesem Wunsch getragen, und Zufriedenheit kehrte in mir ein.

„Herr, verleih mir Geduld, Großmut und Sanftmut", lautete ein anderes Gebet. Ich bemühte mich redlich, dies in die Tat umzusetzen. Es war nicht immer leicht und ist es auch heute noch nicht. Geduld war gefordert in dem, was ich machte. Alles, was mit dem Malen von Ikonen zusammenhängt, fordert Geduld. Eine Ikone entsteht langsam in einzelnen Abschnitten, und jeder Arbeitsgang braucht Aufmerksamkeit, Bedachtsamkeit und Genauigkeit; nichts geht von einem auf den anderen Tag. Da sind immer wieder Trockenzeiten, die eingehalten werden müssen. Das Arbeiten mit dem Blattgold fordert ein Höchstmaß an Genauigkeit und Sorgfalt. Das Mischen der Farben gestaltet sich oft sehr schwierig. Ohne Geduld ist es praktisch unmöglich, eine den Vorschriften entsprechende gute Ikone zu malen.

Geduld war auch gefordert im Umgang mit einzelnen Mitgefangenen. Oft stand ich im Mittelpunkt einer Kritik, die nicht nur von einzelnen vorgebracht wurde, sondern sich wellenförmig über das ganze Haus ausbreitete. Neid und Haß traten offen zutage und machten mir das Leben nicht immer leicht. Aber auch hier bewährte sich das Gebet als großartige Hilfe. Eine Begebenheit ist mir ganz besonders in Erinnerung.

Einer meiner Mitgefangenen hatte sich so richtig auf mich eingeschossen. Wo es nur ging, redete er schlecht über mich und verbreitete die unmöglichsten Behauptungen. Ganz gezielt machte er mir das Leben schwer, provozierte mich und sabotierte meine Arbeit als Hausarbeiter, wo es nur möglich war. Da half kein Reden, kein Zugehen, kein Eingehen auf ihn. Eine gewaltsame Lösung meinerseits, die sicherlich Erfolg gehabt hätte, schied für mich aus. So entschloß ich mich eines Tages, für meinen offensichtlich gestörten Mitgefangenen zu beten. In besonderer Weise bat ich Gott, ihm beizustehen, denn daß er persönliche Probleme hatte, war mir bekannt. Tatsächlich veränderte sich sein Verhalten mir gegenüber und schließlich stellte er sein provokatives Verhalten ganz ein. Dies war für mich eine neue, eindrucksvolle Erfahrung, und so betete ich wiederholt für Mitgefangene, die unter besonderen Problemen zu leiden hatten.

Sanftmut war ebenfalls gefordert. Als durchaus selbstbewußter Mensch, mit beiden Beinen auf der Erde stehend, fehlte es mir keineswegs an der Fähigkeit, mich auch körperlich zur Wehr zu setzen. Manches Mal war ein erhebliches Maß an Disziplin erforderlich, um eine kritische Situation zu entschärfen und eine Eskalation mit handgreiflichen Folgen zu vermeiden. Den manchmal provozierenden Verhaltensweisen einzelner Mitgefangener begegnete ich mit Sanftmut und signalisierte freundliches Verhalten, wobei ich deutlich zu verstehen gab, daß ich mich gegebenenfalls zur Wehr setzen würde. Ein guter Schutzengel bewahrte mich aber vor Reaktionen, die mir hinterher mit Sicherheit leid getan hätten.

Zur besonderen Fürsprecherin wurde mir die Gottesmutter. Im täglichen Rosenkranz trug ich meine Sorgen und Nöte vor sie. Auch hier fand ich im Handbuch für orthodoxe Christen ein Gebet, das auf meine Situation besonders zutraf. Da heißt es unter anderem: „Durch deine heilige und mächtige Fürbitte wende ab von mir, deinem unwürdigen und demütigen Knecht, jeden Trübsinn, alle Vergeßlichkeit, Unvernunft, Nachlässigkeit und jeden üblen, hinterlistigen und schmähenden Gedanken." In einem anderen Absatz heißt es: „Stärke mich gegen jede unheilsame Erinnerung und bewahre mich vor jedem üblen Unternehmen und vor jeder bösen Tat." Auch mit diesem Gebet begann und beschloß ich den Tag und legte das Tagesgeschehen so in die Hände der Gottesmutter. Sie wurde mir zu einer richtigen Hilfe und hat mich vor manchem Anflug von Trübsinn und mancher unvernünftigen Handlung bewahrt. Sie wurde zur Mutter, Fürsprecherin und Beschützerin. Ich bin mir sicher, daß sie mein Leben und meine Entwicklung in diesem Haus ganz wesentlich beeinflußt hat.

Die von orthodoxen Gläubigen praktizierte Gebetsform sagte mir zu. Sie entsprach meiner Bereitschaft, mich Gott vorbehaltlos unterzuordnen. Und da war ein ausgeprägtes Verlangen, Gott für alles Gute zu danken. Oft merkte ich aber, wie unkonzentriert, zerstreut und oberflächlich mein Beten war. In den Gebetszeiten bestürmten mich die unmöglichsten Gedanken. Dinge, an die ich sonst nicht dachte, in dieser Zeit tauchten sie plötzlich auf und verwirrten meinen Geist. Betete ich den Rosenkranz, kamen mir die unsinnigsten Dinge in den Sinn, lenkten mich ab und torpedierten regelrecht mein Bemühen zu beten, so als wollten sie das Gebet mit allen Mitteln verhindern. Dies führte nicht selten zu Zweifeln an meinem Verhalten. Hatte es überhaupt Sinn zu beten, wenn ich mit den Gedanken doch nicht bei der Sache war, fragte ich mich oft. Aber ich vertraute darauf, daß Gott auch mein zerstreutes Gebet annehmen würde. Ich vertraute auf die Nachsicht der Gottesmutter und bemühte mich immer wieder, mit mehr Aufmerksamkeit zu beten.

Ein Buch wird zum Schlüssel

Ein Bekannter, der um meine Entwicklung wußte, brachte mir ein Taschenbuch mit. Der Titel und die Ikone auf dem Umschlag ließen ihn vermuten, daß mich das vielleicht interessieren könnte. Keiner von uns ahnte, was für ein Geschenk mir damit gemacht wurde. Der Titel lautete: „Aufrichtige Erzählungen eines russischen Pilgers".

Zunächst vermutete ich dahinter eine Sammlung von Erzählungen, wie sie in der russischen Literatur weit verbreitet sind und von denen ich schon einige gelesen hatte. Um so erstaunter war ich, als ich mir das Buch näher ansah. Der Inhalt fesselte mich sofort. Ich las das Buch in einem durch, las es ein zweites und ein drittes Mal und spürte, daß ich etwas sehr Wichtiges, so etwas wie einen Schlüssel, in der Hand hielt. Es zeigte mir den Weg zu einer Gebetsweise, die mich tief anrührte. Es geht um das sogenannte Jesus-Gebet. Dieser Begriff war mir in der Literatur schon vereinzelt begegnet, doch konnte ich damit so gut wie nichts anfangen.

Der Pilger, der seinen Weg durch das weite russische Land auf der Suche nach dem immerwährenden Herzensgebet schildert, wird zum Inbegriff der frommen Glaubensbereitschaft, wie sie unter orthodoxen Christen in besonderer Weise verbreitet ist. Die geschilderten Erlebnisse dürften sich in den Jahren 1853 bis 1861 zugetragen haben. Der unbekannte Pilger hat sie auf dem Berg Athos für seinen geistlichen Führer aufgezeichnet. Das Manuskript, dessen Original sich im Panteleimon-Kloster auf dem Athos befindet, wurde erstmals 1870 vom Archimandrit des Michaels-Klosters in Kasan veröffentlicht. Später, 1911, erschien in Moskau noch ein zweiter Teil, dessen Manuskript sich im Nachlaß des berühmten Starez Amvrosij von Optina befand.

Die Schilderung des Pilgers, der keine Mühe und Strapaze scheute, um ein Leben des Gebets und der christlichen Demut zu erlernen und zu tieferer Gotteserkenntnis zu gelangen, bewegte und ergriff mich tief. Die Begebenheiten, die der Pilgersmann im Verlauf seiner Wanderschaft durch die einsamen Weiten des russischen Landes beschreibt, sind zusammen mit den Auszügen aus der Philokalie, einem Sammelwerk von Texten verschiedener geistlicher Schriftsteller des christlichen Ostens, letztlich eine Anleitung zum immerwährenden Gebet in der Form des Jerusgebets oder auch Herzensgebets.

Das Jesusgebet läßt sich bis in die Frühzeit des christlichen Mönchtums zurückverfolgen. Ziel ist das unablässige Gottesgedenken und ein Sichversetzen in die Gegenwart Gottes. Es ist eine besondere Art der Meditation, auf die man sich ganz einlassen kann, die aber auch den ganzen Tag mit all seinen Erforderlichkeiten begleiten kann. Es besteht aus den einfachen Worten: „Herr Jesus Christus, erbarme dich meiner", oder in einer etwas längeren Form: „Herr Jesus Christus, Sohn Gottes, erbarme dich meiner." Das ständige Wiederholen dieser Worte führt dazu, daß es nach mehr oder weniger längerer Übungszeit, ohne ausgesprochen zu werden, sozusagen immerwährend im Geiste gebetet wird. Man kann es natürlich auch leise vor sich hinsprechen. Es begleitet, sofern man sich ernsthaft darum bemüht, den ganzen Tagesablauf und wird so selbstverständlich wie die Atmung. Es schwebt gleichsam wie eine Glocke über allem und umgibt selbst den Schlaf der Nacht. Es ist eine Schutzhülle, in der man sich bewegt, die Sicherheit, Geborgenheit und Selbstvertrauen vermittelt. Auf diese Weise ergibt sich wie von selbst ein allgegenwärtiges Gottesbewußtsein.

Diese Gebetsform war für mich ideal, eine wahre Gottesgabe, die mein Arbeiten ohne Ablenkung begleiten konnte. Sehr schnell wurde mir das Jesusgebet zur Gewohnheit und lenkte mein Denken immer wieder auf den Herrn, der mir armseligen Sünder so viel Gutes zukommen ließ. Es war auch ein Schild gegen negative Gedanken, eine Hilfe, wenn die Phantasie sich selbständig zu machen drohte. Statt mich irgendwelcher Tagträumerei zu überlassen, konzentrierte ich mich auf das Jesusgebet und war mir sicher, damit etwas für mich Wichtiges zu tun. So ist es mir im Laufe der Zeit zu einer lieben und vertrauten Gewohnheit geworden.

Ich weiß nicht, wie oft ich die Erzählungen des russischen Pilgers gelesen habe. Mit jedem Mal wurde deutlicher, daß dieses Gebet meine Arbeiten, ja mein ganzes Leben entscheidend prägen sollte. Ein Gefühl der Freude und Dankbarkeit gegenüber Gott bemächtigte sich meiner. Es war sicherlich kein Zufall, der mir dieses Buch in die Hände gespielt hat. Gott hat mir diesen Weg zur rechten Zeit für mein Leben gezeigt. Für mich war es auch kein Buch im herkömmlichen Sinne, das man liest, aus dem man seine Schlüsse zieht oder auch nicht und das man dann wieder vergißt. Es wurde für mich Orientierung und Hilfe zu einer neuen, alles umschließenden Gebetsweise.

Ob beim Malen oder bei sonstigen Tätigkeiten, die

mein Job als Hausarbeiter mit sich brachten, immer bezog ich das „Herr Jesus Christus, erbarme dich meiner" in mein Tun mit ein. Dies Sich-selbst-Zurücknehmen, dieses wiederholte demütige Sich-Beugen vor dem Herrn entsprach ganz meinem Streben, mich als schuldigen Menschen zu bekennen. Ich habe schwere Schuld auf mich geladen, Leid über meine Mitmenschen gebracht. Nun war es mir möglich, dieses Schuldgefühl in einer Gebetsform zum Ausdruck zu bringen.

Die Tage waren nun eingebettet in das Jesusgebet. Hatte ich das Gebet auf den Lippen oder betete es in Gedanken, war Gott gegenwärtig und verdeutlichte mir vor allem meine Position. War ich früher gewohnt, in gewissem Maß zu dominieren, wurde ich angesichts der Gegenwart Gottes klein und unbedeutend. In aller Konsequenz wurde mir klar, wie hilflos ich im Grunde war, wie völlig abhängig von Gottes Großmut. Dies zu erkennen und in seiner ganzen Tragweite zu akzeptieren dauerte einige Zeit. Das Jesusgebet war eine entscheidende Hilfe dabei, es wurde zum Weg in einen neuen Lebensabschnitt.

Nun sah ich mich selbst in einem anderen Licht. Da gab es kein Verstecken, kein Ummänteln bewußter Fehler, kein Abwiegeln negativer Verhaltensweisen. Es blieb nur noch die ernüchternde Erkenntnis, ein unbedeutender Winzling zu sein und doch ein Kind Gottes, von ihm angenommen mit allen Fehlern und Schwächen. Ein Sünder, der sich und sein Leben bisher viel zu ernst, ja lächerlich ernst genommen hatte. Aber es war mein Leben gewesen, zu dem ich stehen mußte, denn ich hatte sonst nichts. Deshalb hatte ich mich auch so sehr daran geklammert.

Nun stand ich in gewisser Hinsicht nackt da und war mir meiner Hilflosigkeit bewußt. Dies bedeutete aber nicht, daß sich daraus ein negatives Selbstwertgefühl entwickelte, es trat eher das Gegenteil ein. Ich fühlte mich von Gott angenommen, und dies erfüllte mich mit einer ungeheuren Kraft. Vor mir lag ein neues Leben, ein Leben unter Gottes Fügung, unter seiner Leitung, ein Leben, das darauf wartete, mit wahrem Leben ausgefüllt zu werden. So kam es zu einer völligen Veränderung meiner bisherigen Einstellung in allen Lebensbereichen, zu einer Wandlung, die für alle, die mich näher kennen, unvorstellbar war. Mir war deutlich geworden, daß ich im Grunde ständig irgendwelchen selbstgeschaffenen Götzen nachgelaufen bin. Ständig suchte ich nach Selbstbestätigung, und je egoistischer ich wurde, desto mehr Komplexe bekam ich. All dies wurde nun deutlich sichtbar. Die Folge war ein zunehmendes Schuldbewußtsein, das ich nun nicht mehr verdrängen konnte. Es war da, stand mir vor Augen, wurde zur ständigen Mahnung. Im Jesusgebet war mir jetzt die Möglichkeit geschenkt worden, dieses Schuldgefühl ständig zum Ausdruck zu bringen, es mit in den Tag hineinzunehmen, ohne davon erdrückt zu werden.

So wurden die „Aufrichtigen Erzählungen eines russischen Pilgers" zu einem Wegweiser und zu einer Hilfe in meiner spirituellen Entwicklung. Erkennbar wurde für mich vor allem, wie wichtig das Gebet ist und daß es nicht an bestimmte zeitliche oder räumliche Voraussetzungen gebunden ist. Beten kann man zu jeder Zeit und an jedem Ort. Man kann auch die Arbeit der Hände zum Gebet werden lassen, indem man diese ganz bewußt in Gottes Hände legt.

In einem Gespräch des Pilgers wird die Bedeutung des Gebets für den Nächsten herausgestellt. Das leuchtete mir sehr ein, und so übernahm ich die angegebene Gebetsformel, um für alle Menschen zu beten, mit denen ich mich besonders verbunden fühlte, aber auch für diejenigen, die des Gebets besonders bedurften: „Barmherziger Gott, dein Wille geschehe, der du die Rettung aller willst und willst, daß sie zur Erkenntnis der Wahrheit gelangen: Rette und erbarme dich deiner Knechte N. N. Nimm dieses Beten als einen Schrei jener Liebe entgegen, die du geboten hast." Das gefiel mir, denn es kam meinem Bedürfnis entgegen, nicht nur für mich, sondern auch für andere, mir nahestehenden Menschen und besonders für die zu beten, die durch mich zu Schaden gekommen sind. Fortan machte ich es mir zur Pflicht, mit diesem Gebet den Tag zu beginnen und zu beenden. Der Tag erhielt so einen anderen Sinn, da es nun nicht mehr ausschließlich mein Tag war. Ich, der ich abgesondert und allein leben mußte, schloß nun Menschen, die mir wichtig waren, in mein Tagesgeschehen und mein Beten ein. Dies vermittelte das Gefühl, nicht mehr von allem ausgeschlossen zu sein.

Daß meine Entwicklung, die radikale Veränderung meines Lebens, einzig und allein der Liebe Gottes zuzuschreiben ist, steht für mich außer Zweifel. Dank seiner Liebe bekam mein Leben wieder Sinn, selbst in diesem recht trostlosen Haus. Er hat mich angesprochen und mich seine Liebe erleben lassen, eine nach menschlichem Verständnis nicht zu begreifende Liebe, die alles übersteigt, was uns Menschen möglich ist. Die Fesseln, die mir angelegt worden waren, verloren ihre Bedeutung. Meine Welt veränderte sich, und was mir damit geschenkt wurde, erfüllte mich mit Dankbarkeit. Begleitet vom Jesusgebet bemühte ich mich, Ikonen zu malen, die des Herrn würdig waren. Die Worte „Herr Jesus Christus, erbarme dich meiner" wurden das Fundament zu einer größeren inneren Ruhe. Im Jesusgebet hatte ich die Gewißheit, ganz gleich, wo und in welcher Situation ich mich auch befinde, von Gott gehört und gesehen zu werden. Nichts schreckte mich mehr, denn ich vertraute darauf, daß ich mit der Hilfe des Herrn auch die negativsten Erfahrungen durchstehen konnte. Ich hatte keine Angst mehr, in die Mühle der Justiz zu geraten, denn ich besaß etwas, was niemand mir nehmen konnte: die Liebe Gottes, die mich trug und in der ich mich geborgen fühlte. Diese Erkenntnis verlieh mir eine ungeahnte Kraft, die von nun an mein Leben prägte. Die Folge war eine stets gleichbleibende Gelassenheit, die nun mein Dasein in diesem Haus kennzeichnete.

Vom Sozialarbeiter erfuhr ich, daß der orthodoxe Diakon im Haus gewesen war, mit mir aber nicht sprechen wollte. Die Vertreter der orthodoxen Kirche hatten offensichtlich kein Interesse, einen verurteilten Rechtsbrecher in ihre Reihen aufzunehmen. Anfangs kränkte mich diese Zurückweisung, aber dann gelangte ich zu der Einstellung, daß es meinerseits nicht richtig war, in meiner Situation einen solchen Wunsch zu äußern. Es sollte nicht sein, und so nahm ich das Ganze als Gottes Willen hin. Mich tröstete der Gedanke, daß ich mit der Malerei noch ganz am Anfang stand. Mir war klar, daß ich noch viele Jahre benötigen würde, um ein halbwegs guter Ikonenmaler werden zu können. Dieses hohe Ziel erfordert ein beständiges Bemühen und Anstrengen, es war aber auch geeignet, der Zeit meiner Inhaftierung Inhalt und Lebensqualität zu geben, so daß die Jahre, die ich noch im Gefängnis verbringen würde, eine sinnvolle, ja sogar eine wertvolle Zeit werden könnten.

Von seiten der Anstaltsleitung wurde mein Bemühen inzwischen auch registriert. Ich erfuhr, soweit es der Vollzug ermöglichte, Unterstützung. Das war in dieser Phase nichts Weltbewegendes, aber es war für mich schon ein Fortschritt, wenn man überhaupt zur Kenntnis nahm, daß ich mich ernsthaft mit einer sinnvollen Sache beschäftigte. Eine Folge war, daß ich nun bei der Beschaffung von Arbeitsmaterialien weniger Probleme hatte. Es wurde mir auch der Besitz von Materialien gestattet, die ein Gefangener im Normalfall nicht haben durfte. Dabei gab es zwar Einschränkungen und Auflagen, aber immerhin hatte ich nun die Möglichkeit, mit unterschiedlichem Material experimentieren zu können. Indirekt war dies eine weitere Lockerung und Ausdruck eines wachsenden Vertrauens, das mir von der Anstaltsleitung entgegengebracht wurde. Es war eine positive Entwicklung in meiner vollzuglichen Situation, eine nicht zu unterschätzende Veränderung im Vollzugsablauf.

Der Umgang mit dem Arbeitsmaterial wurde in gewisser Weise zur Routine, die Rückschläge reduzierten sich, waren nicht mehr so niederschmetternd und finanziell nicht mehr so schmerzhaft. Beseelt von meinem Ziel, gute Ikonen zu malen, und getragen vom Gebet, machte es mir nichts aus, mein Leben weitgehend einzuschränken. Die Beschäftigung mit den Ikonen und der dazu gehörenden Literatur nahm einen breiten Raum ein und bestimmte das Tagesgeschehen.

Trennung

Irgendwann in diesem Zeitraum veränderte sich die Beziehung zu meiner Lebensgefährtin, was sich ganz besonders auf meine religiöse Entwicklung auswirkte. Nach einer geschiedenen Ehe lebte ich vor der Inhaftierung mit einer Frau und deren beiden Kindern in einer eheähnlichen Gemeinschaft. Besondere Gründe veranlaßten uns, die förmliche Ehe nicht einzugehen. In den Jahren der Haft hielt meine Lebensgefährtin treu zu mir, besuchte mich regelmäßig und erleichterte mir das Leben, soweit es ihr möglich war. Es verband uns eine große Zuneigung, und wir hatten die feste Absicht, auch die Zeit nach meiner Haftentlassung gemeinsam zu verbringen.

Ich hatte ihr zwar immer wieder gesagt, daß sie frei und ungebunden sei, daß es besser wäre, wenn sie sich einen neuen Partner suchen würde, um ein neues Leben zu beginnen, aber davon wollte sie nichts wissen. Im Gegenteil, sie nahm mir meinen Vorschlag richtig übel, und es gab deswegen manche Auseinandersetzung. Einerseits hatte ich sie sehr gerne, andererseits war es eine große Belastung zu wissen, daß sie mit ihren Kindern allein dem Kampf des Lebens ausgesetzt war. In meiner Situation konnte ich ihr wenig helfen und ihr Bedürfnis nach Liebe nicht erfüllen. Die mehr oder weniger heimlichen Zärtlichkeiten bei ihren Besuchen waren kein Ersatz für das, was wir vermißten. Die Situation war nicht auf Dauer zumutbar, und auf absehbare Zeit gab es keine Perspektive. Berufliche und familiäre Probleme trugen immer wieder zu Spannungen bei, die durch meine Haft nur noch verschlimmert wurden. Bei einem normalen Zusammenleben wäre es leicht gewesen, solche Probleme zu lösen. Sie weigerte sich jedoch kategorisch, auf meinen Vorschlag, sich zu trennen, einzugehen.

Eines Tages, ich war schon über sechs Jahre in Haft, schrieb sie mir, daß jemand in ihr Leben getreten sei, mit dem sie einen neuen Anfang machen möchte. Diese Nachricht traf mich nach all ihren Beteuerungen der Vergangenheit völlig überraschend. Auch wenn ich ihr eine Trennung wiederholt nahegelegt hatte, weil ich ihr ja über viele Jahre kein intaktes Familienleben bieten konnte, verharrten wir wohl beide in einer Welt von Wunschträumen. Nun hatte sie sich für ein realitätsnäheres Leben entschieden, was für mich im Grunde eine Beruhigung war. Unmittelbar war zwar der Verlust groß, aber der anfängliche Schmerz wich bald der Einsicht, daß dieser Weg der bessere für uns war.

In meiner religiösen Entwicklung, die von ihr mit Skepsis verfolgt wurde, hatte mich unsere Beziehung zunehmend beunruhigt. Es konnte keine vor Gott von der Kirche beglaubigte Beziehung werden, da wir beide eine gescheiterte Ehe hinter uns hatten. Bei dem Gedanken an meine Lebensgefährtin beschlich mich immer ein ungutes Gefühl, denn unsere Beziehung stand nicht im Einklang mit den Geboten Gottes und der Kirche.

Ich fühlte mich ihr verbunden; daß wir uns liebten, war keine Frage. Deshalb zog ich eine Trennung auch nicht in Erwägung, die sie mit Sicherheit nicht verstanden hätte. Ich hätte ihr damit sehr weh getan, denn unsere Beziehung war ihr sehr wichtig. Ein solcher Schritt von meiner Seite hätte sie in eine schwere Krise gestürzt. Dies wollte und konnte ich nicht tun. Aber es war auch keine Lösung, einfach die Augen zu schließen vor dem Widerspruch zwischen meinem Bestreben, nach christlichen Normen leben zu wollen, und einer Beziehung, die diesen Normen widersprach. Dieses Dilemma machte mir schwer zu schaffen.

Nun erfolgte von ihrer Seite ganz überraschend die Trennung. Ich wußte zwar um ihre erheblichen Existenzsorgen, die den regelmäßigen Besuch und das Briefeschreiben, wie es sonst üblich war, einschränkten, bewertete es aber als eine vorübergehende Angelegenheit. Ich wußte auch, daß sie Bekanntschaften pflegte, ins Theater ging, Konzerte besuchte, was ganz in meinem Sinne war, denn wir waren in allen Dingen offen und ehrlich zueinander. Nun aber hatte sie sich für einen neuen Lebenspartner entschieden. Ich wollte und mußte ihre Entscheidung respektieren. Auf keinen Fall sollte der Eindruck entstehen, daß ich ihr diesen Schritt irgendwie übel nahm. Aber es war nicht leicht, mit diesem Schock, denn das war er für mich, fertigzuwerden.

Gespräche mit dem Psychologen halfen mir, diese negative Erfahrung bald zu bewältigen. Ja, es öffnete sich auch für mich eine neue Situation. Was bisher ein störender Faktor in meiner religiösen Entwicklung war, wurde nun gegenstandslos. Zwar konnten wir wegen meiner Inhaftierung nicht zusammenleben, aber es bestand eine feste emotionale Bindung, die nicht wegzuleugnen war, und es gab den Vorsatz, trotz allem zusammenzubleiben. Das war jetzt anders geworden. Für mich bedeutete das: Ich konnte mich vorbehaltloser und ehrlicher Gott zuwenden. Hilfe suchte und fand ich im

Gebet. Es änderte sich insofern, daß ich nun mit ungeteilterem Herzen alles vor Gott tragen konnte.

Bald fand ich wieder zu meiner inneren Ruhe zurück; erleichtert wurde das durch den Umstand, daß wir uns trotz der Trennung wohlgesonnen blieben. Wir verabredeten, den Kontakt zueinander nicht völlig abreißen zu lassen. Da war einiges, was uns wertvoll war, was wir erhalten und in eine Freundschaft einbringen wollten. Hatte sie Probleme, die sie mit ihrem neuen Lebenspartner nicht besprechen mochte, so wollte ich weiterhin für sie da sein und ihr helfen, soweit es mir möglich war. Dabei war uns beiden klar, daß die Trennung eine endgültige war, ohne Hintergedanken oder heimliches Wunschdenken; es würde keine gemeinsame Zukunft mehr geben. Auf dieser Basis schien es möglich, eine Art Freundschaft bestehen zu lassen. So ließ sich die Trennung bewältigen, alles hatte sich zum Positiven gewendet, und ich konnte mich wieder ganz dem Malen der Ikonen zuwenden.

Nun galt es, etwas Neues in Angriff zu nehmen. Hatte ich bei den bisherigen Arbeiten nur den Heiligenschein mit Blattgold ausgelegt, wollte ich nun den gesamten Hintergrund, soweit er nicht durch eine Architektur- oder Landschaftskulisse gestaltet war, mit Blattgold auslegen. Nach wie vor bemühte ich mich, die Polimentvergoldung zu erlernen. Mit Hilfe eines speziellen Fachbuches zum Thema Vergolden versuchte ich mir diese Technik anzueignen. Was darüber in einschlägigen Ikonenmalbüchern stand, war dürftig und reichte keinesfalls, diese äußerst schwierige handwerkliche Fertigkeit zu erlernen.

Ich experimentierte an einer eigenen Tafel, mal mit Poliment, mal mit Ersatzmaterialien, wie sie vom Handel angeboten und als Alternative zum herkömmlichen Verfahren angepriesen wurden. Die Ergebnisse waren nicht zufriedenstellend. Monatelang probierte ich und kam doch zu keinem akzeptablen Ergebnis. Meist scheiterte es daran, daß ich den Untergrund, auf dem die losen Goldblättchen aufgelegt werden, nicht glatt genug hinbekam. Das Arbeiten mit dem hauchdünnen Blattgold, das beim geringsten Luftzug, auch schon beim normalen Atmen, davonfliegt oder zusammenklebt, war sehr schwierig. Irgendwann gab ich resignierend auf, weil es einfach nicht zu schaffen war, und wandte mich der Ölvergoldung zu.

Dies war leichter auszuführen. Da das Goldblättchen auf Seidenpapier aufgepreßt ist, kommt es nicht zu den Problemen, die beim Arbeiten mit losem Blattgold auftreten. In diesem Stadium blieb es nicht aus, daß ich des öfteren eine vergoldete Fläche, die mißlungen war, reinigen mußte, um den ganzen Vorgang zu wiederholen – ein teures Lehrgeld, denn Blattgold ist nicht gerade billig. Aber mit der Zeit bekam ich eine gewisse Übung und Erfahrung.

Die weiteren Ikonen erhielten nun einen mit Blattgold ausgelegten Hintergrund, soweit es nicht dem Bildthema widersprach. Um den Heiligenschein, den Nimbus, von der übrigen Vergoldung besser kenntlich zu machen, verwendete ich dafür achtzehnkarätiges Zitronengold. Diese Form der Vergoldung mag eine gewisse Eigenmächtigkeit sein. Zwar findet man bei russischen Ikonen sogar mit Silber ausgelegte Nimben, doch tat man dies aus Kostengründen. Mir jedenfalls gefiel die sich heller abhebende Vergoldung besser, denn so wird die Erhabenheit der dargestellten Figur betont. Farblich unterschiedliche Goldsorten zu verwenden widerspricht auch nicht, soweit mir bekannt ist, dem Ikonankanon. Mit dieser Arbeitstechnik erfuhr meine Arbeit eine weitere Bereicherung.

In meiner Arbeit wurde ich immer wieder dadurch ab-
gelenkt, daß ich einen Fernseher besaß. Ich hatte mir das
Gerät zu einem früheren Zeitpunkt angeschafft, um ein
wenig Abwechslung zu haben. Hauptsächlich schaute
ich mir Informationssendungen, aber auch schon mal
Unterhaltungsfilme an. Dabei machte ich die Erfahrung,
daß der Fernseher sich nicht positiv auf das Vollzugsleben auswirkt. Eingesperrt und mehr oder weniger diesem
Gerät ausgeliefert, dient es vielfach nur zur Verdrängung; es liefert dem Eingesperrten eine realitätsferne
Traumwelt. Der Griff zum Schalter wird zur Routine,
der Apparat zu einem regelrechten Suchtmittel, dem
man sich nur sehr schwer entziehen kann. Es gibt keine
Ausweichmöglichkeit, die Tür der engen Zelle ist ja abgeschlossen. So ist man zwangsläufig dem Gerät und seinen
Verlockungen ausgesetzt und merkt es nicht einmal.

Nun hatte ich eine Beschäftigung, die ein hohes Maß
an Konzentration verlangt. Da war aber im gleichen
Raum auch der Fernseher, der so schöne bunte Bilder liefert. Kam ich mit einem Problem nicht weiter und tüf-
telte ich erfolglos an einer schwierigen Sache, ertappte
ich mich immer wieder, wie ich das Fernsehgerät als
Fluchtinstrument benutzte. Statt mich um die Bewältigung des Problems zu bemühen, schaltete ich die Flim-
merkiste ein. Damit war dann der Abend gelaufen, mein
Problem für Stunden verdrängt, aber nicht gelöst. Zunächst war mir gar nicht bewußt, wie negativ sich der
Fernseher auf meinem Weg als Ikonenmaler auswirkte.
Oft geschah es, daß ich erst spät in der Nacht das Gerät
abschaltete, und ich war dann richtig böse auf mich
selbst, weil ich mir etwas Unsinniges angesehen hatte,
statt zu arbeiten.

Eines Tages war ich so frustriert, daß ich den Entschluß faßte, das Fernsehgerät einfach abzuschaffen.

Mein Vorsatz, mir nur ganz bestimmte Sendungen anzusehen, war für mich in dieser extremen Situation nicht zu verwirklichen. So gab es nur den einen Weg, ich mußte mich ganz von dem Gerät trennen, auch wenn das eine persönliche Niederlage war. So schenkte ich das Gerät dem Pfarrer, der es an einen anderen Mitgefangenen weitergab, in dessen Situation es eine Hilfe sein konnte. Damit kam mehr Ruhe in meinen Tagesablauf, es gab kein Ablenkungsinstrument mehr. Ich mußte mich der Malerei zuwenden und die Probleme angehen.

Die Entscheidung, auf den Fernseher ganz zu verzichten, ist mir nicht leicht gefallen, aber ich war dann doch froh, das Gerät endlich los zu sein. Bereut habe ich diesen Schritt nie. Mein Leben bekam nun einen bewußteren Inhalt. Die Zeit, die ich jetzt mit dem Malen und allem, was damit zusammenhing verbrachte, wurde immer wertvoller. Dazu kam, daß ich von seiten einzelner Bediensteter Zuspruch erfuhr. Mein persönlicher Bewegungsspielraum lockerte sich immer mehr; ich konnte mich nun innerhalb des Hafthauses weitgehend ungehindert bewegen.

Das heilige Handwerk

Die Tage waren ausgefüllt mit Arbeit, die Wochen und Monate vergingen, ohne daß ich es richtig bemerkte. Nur hin und wieder, bei besonderen Anlässen oder Ereignissen, wurde mir bewußt, wie schnell die Zeit vergangen war. Für mich zählte nur noch das Malen. Das war jetzt mein Beruf, der Job als Hausarbeiter nur noch eine Pflicht. Das Bewußtsein, etwas Kreatives zu schaffen, erfüllte mich mit einer Freude, die ich früher in meinem Leben noch nie erlebt hatte.

Was ich malte, war zwar für meine Begriffe noch lange nicht gut, konnte sich aber langsam sehen lassen. Ich war damit nie zufrieden, akzeptierte es aber, weil mir klar war, daß ich noch am Anfang einer Entwicklung stand. Auch wenn ich mich ständig bemühte, das Beste zu geben, stieß ich stets an Grenzen. Mich tröstete der Gedanke, daß ich noch viel Zeit hatte, und ich vertraute darauf, daß der Herr, der mir diesen Weg gezeigt hatte, auch weiterhin helfen würde.

Auf meinem Weg wurde ich von Menschen, die mich regelmäßig besuchten und meine Entwicklung verfolgten, ermutigt. Das war eine große Hilfe für mich, da ich nicht genügend Selbstvertrauen besaß, um mein Arbeiten zu beurteilen. Mir fehlte auch jegliche Vergleichsmöglichkeit, denn ich orientierte mich ausschließlich an Abbildungen und hatte noch nie eine Ikone im Original gesehen. Hinzu kam, daß Kunst in meinem Leben nie eine Rolle gespielt hatte. Für mich als sogenanntes „Kind vom Land" war Kunst ein Fremdwort, ein Museum hatte ich noch nie betreten, die Beschäftigung mit Malerei war für mich absolut Neuland.

Alles, was ich machte, war für mich neu und bedurfte ständiger Versuche und Experimente. Aber im Laufe der Zeit erarbeitete ich mir eine gewisse Erfahrung im Umgang mit Farben, Malwerkzeugen und Arbeitsmaterialien. Zunehmend wurden die Bilder in maltechnischer Hinsicht besser. Dabei stand mir immer vor Augen, daß ich eigentlich überhaupt nicht malen konnte, und war deshalb über das Ergebnis meiner Bemühungen umso mehr erstaunt. Es stand für mich außer Frage, daß das, was ich malte, nicht meinen eigenen Leistungen zuzuschreiben war.

Meine Unfähigkeit zeigte sich zum Beispiel daran, daß es mir nicht möglich war, eine bildliche Vorstellung, die mir vor Augen stand, in die Tat umzusetzen. Alle Bemühungen in dieser Richtung mißlangen. Es entstand immer etwas völlig anderes. Anfangs sträubte ich mich gegen diese Feststellung und versuchte immer wieder, eigene Vorstellungen zu verwirklichen. Das Ergebnis solcher Versuche war, daß die Arbeit völlig danebenging und ich wieder von neuem beginnen mußte. Aufgrund wiederholter Erfahrungen dieser Art gab ich die Versuche auf, Ikonen mit dem Kopf zu malen. Nicht ich mit meinem Verstand malte; es waren meine Hände, die, begleitet und geleitet vom Gebet, malten. Die Ikonen entstanden, umhüllt von Gebet. Man könnte auch sagen, sie seien sichtbares Gebet.

Dabei machte ich immer wieder eine eigentümliche Erfahrung. War ich mit dem Bild beschäftigt, dann stand ich in einem unmittelbaren Bezug zu dem, was ich gerade malte. Ich war damit verbunden, geradezu ein Teil davon. Nichts war mir fremd, alles war irgendwie vertraut. Alles, was geschah, war so vom Gebet umschlossen, als befände es sich in einer großen Hülle. War dann aber das Bild fertig und hing an der Wand, verlor sich dieser ganz persönliche Bezug. Man könnte diesen Vorgang mit einer Abnabelung vergleichen, der bis dahin unmittelbare Bezug zum Bild löste sich auf, es wurde zu einer Ikone. Es war für mich auch nicht mehr nachvollziehbar, daß ich es gemalt hatte. Vom Kopf her ja, denn die einzelnen Arbeitsvorgänge standen mir deutlich vor Augen, aber die innere Verbindung war gelöst. Die Ikone führte jetzt ganz ihr Eigenleben.

Diese Erfahrung setzte mich immer wieder in Erstaunen, und ich habe dafür noch keine Erklärung gefunden. Als gelernter Handwerker habe ich in dieser Hinsicht andere Erfahrungen gemacht. Hatte ich ein Werkstück gefertigt, blieb es meine Arbeit, die ich geschaffen hatte und mit der ich mich identifizierte. Nun erlebte ich etwas ganz anderes. Vielleicht hängt es damit zusammen, daß ich mich nicht als Künstler verstehe; mit solch einem Begriff kann ich nichts anfangen. Technisches Zeichnen war mir vertraut, es gehörte zu dem Handwerk, das ich gelernt habe. Alles, was darüber hinausging, war mir fremd. So verstand ich das, was ich jetzt machte, nicht als Kunst, sondern als Handwerk. Pinsel und Farbe waren dabei Handwerkszeuge und Arbeitsmaterial. Natürlich ist Ikonenmalerei kein gewöhnliches Handwerk, denn sie verlangt eine andere Einstellung. Aber eine rein künstlerische Tätigkeit ist sie auch nicht, da dem freien künstlerischen Schaffen enge Grenzen gesetzt sind. So kann man die Ikonenmalerei vielleicht am besten als ein heiliges Handwerk bezeichnen, hängt sie doch unmittelbar mit der Darstellung des Heiligen zusammen, mit der Vergegenwärtigung Gottes, des Ursprungs aller Heiligkeit, den Heilsereignissen, der Gottesmutter, den Engeln und Heiligen.

Deshalb wird die Ikone in der orthodoxen Kirche auch einem Weiheritus unterzogen; hierdurch wird sie zum heiligen Bild, ohne diese Weihe wäre sie lediglich ein Heiligenbild. Die Verehrung gilt nicht der Ikone in ihrer Materie, also der Holztafel und den darauf befindlichen Farben oder sonstigen Materialien, sondern dem im Bild sichtbaren Urbild. Die Kirche lehrt, daß im geweihten Abbild das Urbild gegenwärtig und wirksam ist, sofern es unter Wahrung bestimmter Normen gemalt wird. Im farblich Sichtbaren begegnet dem Gläubigen, was dargestellt ist. Nur aus diesem Grund ist es möglich, der Ikone seine andächtige Verehrung zu bezeugen. Auf diesem Hintergrund ergibt sich zwangsläufig, daß uns geläufige Kunstvorstellungen auf eine Ikone nicht zutreffen können. Die Ikone wird auch als das in Farbe wiedergegebene Evangelium oder als Fenster zur Ewigkeit bezeichnet. Sie hat nichts mit der profanen Malerei zu tun, unterliegt ihren eigenen Gesetzen und erfordert vom Maler eine besondere Einstellung, einen ihr würdigen Lebenswandel. Ohne das Gebet des Ikonenmalers bliebe das sichtbare Werk seelenlose Materie und wäre in geistlicher Hinsicht tot. Die Ikone ist wesentlich mehr als ein Bild, sie ist für den orthodoxen Christen etwas Heiliges. Aus diesem Grunde erhält sie den schönsten Platz in der Wohnung, wird geschmückt, und kommt ein Gast, so bezeugt er zunächst der Ikone seine Verehrung, bevor er sich dem Gastgeber zuwendet.

Die Ikonenmotive sind vorgegeben und dürfen nur unwesentlich verändert werden. Der Ikonenmaler, der sein Handwerk wirklich ernst nimmt, hat keinerlei Ehrgeiz, ein neues Bild zu schaffen. Er wird immer der alten, geheiligten Tradition folgen. So wenig die Abschreiber der Bibel in der Zeit vor dem Buchdruck den Text des Evangeliums veränderten, so wenig verändert ein Ikonenmaler die Grundlinien einer Ikone. Dies ist Bestand einer unabänderlichen Tradition. Es bleibt nur sehr wenig Raum, um eigene Vorstellungen mit einzubringen. Dank dieser Tradition konnten die Motive im Lauf der Jahrhunderte im wesentlichen erhalten und weitergegeben werden.

In der farblichen Gestaltung gibt es einen gewissen Spielraum. Zwar unterliegen die Farben einer theologischen Aussage, sie sind keineswegs beliebig; doch läßt sich dieselbe Aussage auch durch eine Reihe gleichwertiger Farben machen. Insofern ist ein Variieren möglich, das sich aber im Rahmen des Ikonenkanons, der eine verbindliche Richtschnur ist, bewegen muß. So kann es nicht ausbleiben, daß ein Ikonenmaler mit der Zeit seinen eigenen Stil, vergleichbar mit einer Handschrift, entwickelt. Dies zeigte sich auch bei meinen Arbeiten, obwohl ich mich bemühte, gemäß der Tradition zu malen.

Ein Seelsorger, der regelmäßig in die Justizvollzugsanstalt kam, um den Pfarrer zu unterstützen, war bei seinen wöchentlichen Besuchen auf mich aufmerksam geworden und zeigte sich von meiner Malerei beeindruckt. So kamen wir miteinander ins Gespräch. Ich erzählte ihm, wie ich über das Ikonenmalen den Weg zum Gebet und zu Gott gefunden hatte, und war froh, einen Ansprechpartner zu haben, mit dem ich regelmäßig über religiöse Themen reden konnte, denn in vielen Fragen war ich unsicher und von Zweifeln geplagt.

Mir fehlte ein gleichbleibender Gebetsrhythmus, mein Gebet war noch von zu vielen äußeren Faktoren beeinflußt. Abgesehen vom Rosenkranz, mit dem ich den Tag beschloß, und den Stoßgebeten des hl. Johannes

Chrysostomus in der Früh und am Abend, hatte ich keine feste Gebetszeit. Da meinte der Seelsorger, er habe noch ein Brevier aus seiner Studienzeit, ich solle es mir mal ansehen. Er brachte es mir, und neugierig steckte ich meine Nase in das Stundenbuch, las die Einführung, lernte eine Menge neuer Begriffe kennen, war aber von der Vielfalt der Gebetstexte zunächst verwirrt und konnte nicht viel damit anfangen. Erst als der Seelsorger mir bei seinem nächsten Besuch den praktischen Umgang mit dem Brevier erklärte, fand ich mich besser zurecht.

So begann ich, am Morgen die Texte der Laudes und am Abend die der Vesper, wie sie im Stundenbuch stehen, zu beten. Seinerzeit, als ich anfing, das Alte Testament zu lesen, gefielen mir die Psalmen überhaupt nicht. Sie schienen mir trocken und nichtssagend, aus grauer Vorzeit, mit fremdartigen, nicht zeitgerechten Formulierungen. Nun fand ich diese Psalmen im Stundenbuch wieder. Mit einer gewissen Abneigung und Voreingenommenheit ging ich an diese Texte und fragte mich, warum man ausgerechnet sie ausgewählt hatte, die doch gar nichts hergaben. Aber sehr bald mußte ich meine Meinung korrigieren. Bei näherem Betrachten und wiederholtem Lesen merkte ich, daß in ihnen viel mehr steckt. Je mehr ich mich mit den Psalmen befaßte, desto lebendiger wurden sie. Mit zunehmendem Erstaunen merkte ich, wie in ihnen Erfahrungen zum Ausdruck kommen, die für uns heute genauso Gültigkeit haben wie für die Menschen vor mehr als zweitausend Jahren. Immer mehr fühlte ich mich von diesen Texten angesprochen, fand mich in ihnen wieder, und was zunächst trocken und nichtssagend erschien, wurde nun lebendig und brachte eigene Gedanken, Empfindungen und Erfahrungen zum Ausdruck, weit besser, als ich es je vermocht hätte. Bestimmte Texte hatten es mir so angetan, daß ich ihrer Wiederkehr im Wochenrhythmus mit freudiger Spannung entgegensah.

Besonders wohltuend war es für mich, nun feste Zeiten im Tagesablauf zu haben, in denen ich mich ganz dem Gebet zuwenden konnte. Dadurch, daß es immer in etwa die gleichen Zeiten waren, in denen ich das Stundenbuch zur Hand nahm, bekam der Tag einen gleichbleibenden Rhythmus. Später nahm ich noch die Sext, die Gebetsstunde der Mittagszeit, hinzu. Der ganze Tagesablauf war jetzt eingebettet in das Stundengebet und erhielt dadurch ein anderes Gesicht.

Mit der Zeit entwickelte sich auch ein Gefühl der Verbundenheit mit allen Christen, die ebenfalls das Stundengebet beten, mit allen Menschen, die ein geistliches Leben führen, ob innerhalb oder außerhalb eines Klosters. Der Wert der Psalmen wurde für mich immer deutlicher. Der Gedanke, daß Menschen über viele Jahrhunderte in den gleichen Sätzen die gleichen Empfindungen zum Ausdruck gebracht haben, bewegte mich. Die Psalmen vermitteln Gefühle der Geborgenheit, aber auch der menschlichen Unzulänglichkeit und Sündhaftigkeit. In ihnen lebt die Gewißheit, in unserer Schwachheit vor Gott treten zu dürfen und auf Trost und Hilfe bauen zu können.

„Wenn ich rufe, erhöre mich, Gott, du mein Retter! Du hast mir Raum geschaffen, als mir angst war. Sei mir gnädig, und höre auf mein Flehen!" (Psalm 4). Damit konnte ich mich Wort für Wort identifizieren. Ich hatte in Angst und Schrecken gelebt, aber der Herr war mir gnädig und bewahrte mich vor dem endgültigen Abgrund. Ergreifend war es, solche Worte tief ins Herz sinken zu lassen und vor Gott zu tragen. Es war ein Geschenk, so beten zu dürfen.

Schöne, ausdrucksstarke Texte fand ich im Stundenbuch, die ich in voller Überzeugung vor den Herrn tragen konnte. Da war Dank und Freude, da war aber auch Schuld, die ich offen aussprechen durfte. Nach wie vor bedrückte sie mich. „Gott, sei mir gnädig nach deiner Huld, tilge meine Frevel nach deinem reichen Erbarmen. Wasch meine Schuld von mir ab, und mache mich rein von meiner Sünde ... Erschaffe mir, Gott, ein reines Herz, und gib mir einen neuen beständigen Geist." Immer wieder betete ich diesen Psalm 51, der alles in Worte kleidet, was mich bedrückte und mir auf der Seele lag.

„Der Herr ist mein Licht und mein Heil: vor wem sollte ich mich fürchten? Der Herr ist die Kraft meines Leibes: vor wem sollte mir bangen?" (Psalm 27). Durch das ständige Lesen der Psalmen bekam ich einen zunehmend besseren Bezug zu ihnen, fühlte mich persönlich angesprochen, erfuhr Trost in einer lieblosen, ja oft brutalen Umgebung. Daraus entwickelte sich ein wachsendes Vertrauen zu Gott.

All diese Erfahrungen verdeutlichten mir, weshalb gerade die Psalmen schon über viele Jahrhunderte betende, glaubende und hoffende Menschen begleiten, ihnen einen Weg zeigen, sie in ihrem Handeln und Denken bestärken, aber auch in Zukunft Menschen begleiten werden. Als Folge dieser Entwicklung registrierte ich eine zunehmende Sensibilität, sowohl für meine Vergangenheit als auch für meine Gegenwart. War ich zunächst der Meinung, daß ich jetzt als Christ ein sündenfreies Leben führen würde, mußte ich mit Erschrecken zur Kenntnis nehmen, daß ich davon sehr weit entfernt war. Ich bemühte mich zwar, schwere Sünden zu vermeiden, doch in wie vielen Alltäglichkeiten sündigte ich aus Unüberlegtheit, Eitelkeit oder Überheblichkeit. Wie oft sagte ich nein, wenn ein Mitgefangener einen Wunsch hatte, den ich problemlos hätte erfüllen können. Wie oft suchte ich mich in ein positives Licht zu stellen oder nahm es mit der Wahrheit nicht so genau. Ich wähnte, ein sündenfreies Leben zu führen, mußte nun aber erkennen, daß ich mich damit selbst betrog.

„Herr, sei mir Sünder gnädig und vergib mir meine Schuld!" Immer und immer wieder mußte ich dies bekennen. Es wäre zum Verzweifeln, wenn da nicht die Hoffnung wäre, daß der Herr ein alles verzeihender Gott ist. Mich tröstete eine Erzählung, die von den Wüstenvätern überliefert ist: „Eines Tages kam ein junger Mönch zu seinem alten Abt und klagte: Was soll ich tun, Vater? Ich begehe immer wieder die gleiche Sünde. Er bekam zur Antwort: Nun, wenn du einmal gefallen bist, dann steh auf und bereue deine Sünde. – Und wenn ich wieder gefallen bin? – Dann stehe wieder auf und tu das gleiche. – Schön, aber wie lange? – Bis zum Tod, entgegnete der alte Abt." Hier wird eindeutig herausgestellt, daß wir als Menschen Sünder sind und es bleiben, bis ans Ende unserer Tage. Aber entscheidend ist, daß wir unsere Sünden vor Gott tragen, unsere Schuld bekennen und darauf vertrauen, daß er in seiner unbegreiflich großen Liebe bereit ist, uns unsere Versäumnisse, Fehler und Sünden zu verzeihen.

Eines Tages legte mir der Seelsorger, mit dem ich solche Erfahrungen besprach, nahe, das doch niederzuschreiben. Nach einiger Überlegung kam ich zu dem Ergebnis, auf diesen Vorschlag nicht näher einzugehen. Mir schien diese Entwicklung nicht so bedeutend, um festgehalten zu werden, zumal ich mich noch ganz am Anfang befand und in keiner Weise absehen konnte, wohin mein Weg mich führen würde.

Wohin will Gott mich führen?

Eines Tages brachte mir der gleiche Bekannte, der mir zu den Aufrichtigen Erzählungen eines russischen Pilgers verholfen hatte, ein neues Buch und meinte, ich sollte es mal lesen. „Ich hörte auf die Stille", lautete der Titel. Henri J. M. Nouwen, ein holländischer Priester, berichtet darin über seine Erfahrungen während eines siebenmonatigen Aufenthalts in einem Trappistenkloster in den USA. Ich las und war tief beeindruckt über die Offenheit, in der Nouwen auch über seine menschlichen Schwächen spricht. In vielen seiner Beobachtungen und Erlebnisse konnte ich mich selbst wiederfinden. Der Autor nimmt den Leser mit zu Mönchen, die gelobt haben, ein Leben des Schweigens, der Arbeit und des Gebets zu führen, mit in eine zunächst fremd anmutende Welt. Dann aber zeigt sich, daß das Leben der Mönche gar nicht so weltfremd ist, sondern voller Vitalität und Normalität. Mit gefiel das Buch sehr, denn es öffnete mir einen Zugang in eine Welt, zu der ich mich in gewisser Weise hingezogen fühlte. Es war für mich die erste nähere Beschreibung des Lebens in einem Kloster.

Was Nouwen über die Psalmen und das Jesusgebet sagt, bestätigte in gewisser Weise, was ich selbst erlebt hatte. Er spricht auch über die Schwierigkeit, im Glauben immer standhaft zu bleiben. Das tröstete mich, denn oft fühlte ich mich verunsichert und schwankend, voller

Zweifel über die Richtigkeit meines Handelns. Nouwen stellt nun klar heraus, daß diese Unsicherheit zum christlichen Leben gehört. Unser großer Widersacher läßt nicht locker und versucht mit allen möglichen Tricks, Zweifel und Unsicherheit in unser Herz zu säen. Glaube ist eine tägliche Auseinandersetzung mit ihm, und keinem Menschen, der sich um ein gläubiges Leben bemüht, bleibt dieser Kampf erspart.

Ein anderes Problem, das mir sehr zu schaffen machte, war die Zerstreutheit beim Gebet. Wie ich jetzt durch Nouwen erfuhr, schlagen sich offensichtlich auch andere Menschen damit herum. Hilfreich wurde für mich der Hinweis, daß es wichtig ist, feste Gebetszeiten einzuhalten. Da diese Zeit für den normalen Tagesablauf eine verlorene Zeit darstellt, ist es möglich, alle der Erledigung harrenden Probleme beiseite zu schieben, sich auf das Gebet zu konzentrieren und mit Gott in ein Zwiegespräch zu treten. Das Schweigen, wie es besonders die Trappisten halten, zeigte mir nicht nur, wieviel Unheil durch die Macht der Zunge verbreitet wird, sondern auch, wie unerläßlich die Stille für das Gebet ist. Schon die Wüstenmönche bezeichneten die Zunge als das Böse insgesamt. Diese Aussage machte mir dieses Übel erstmals richtig bewußt und auch, wie wertvoll das Schweigen ist.

Auch dieses Buch habe ich wiederholt gelesen, es ließ etwas in mir wach werden und wachsen. Nouwen sagt an einer Stelle, daß das Wesentliche eines religiösen Lebens darin bestehe, nur eine einzige Sache zu wollen. Davon fühlte ich mich angesprochen. Ziel des Lebens ist es, allein für Gott da zu sein, alles in seinen Dienst zu stellen. Wichtig ist dabei das Hier und Jetzt, denn es entspricht Gottes Willen. Eine radikale Forderung, die sicherlich nicht von allen Menschen erfüllt werden kann. Aber es gibt auch Menschen, die sich von den vielen gesellschaftlichen Zwängen unserer Zeit nicht beeinflussen lassen, sondern auf den Ruf Gottes hören und ihn in die Tat umsetzen. Die Christen, die sich auch heute zum Ordensleben berufen wissen, geben dafür Zeugnis. Erstmals keimte in mir der Gedanke, ob nicht mein zukünftiger Weg ins Kloster führen könnte. Er war plötzlich da, beschäftigte mich und ließ mir keine Ruhe mehr.

Gefördert wurde er durch einen Bildband über den Berg Athos. Darin wird eine Pilgerfahrt zum Berg der Asketen in Griechenland geschildert. Tief beeindruckte mich die Ruhe und die Ausgeglichenheit der Mönche, die in den Bildern zum Ausdruck kam. Diese Männer haben ihr ganzes Leben Gott geweiht. Freiwillig haben sie eine solche Lebensform gewählt und darin offensichtlich Erfüllung gefunden. Neu war für mich die Erkenntnis, daß es gar nicht so wichtig ist, wo man sein Leben verbringt, sondern vor allem, wie man es gestaltet. Dabei kann der Berg Athos im Grunde überall sein. Vielleicht ist „mein Athos" zunächst einmal die Realität der Justizvollzugsanstalt Rheinbach. Aber der Gedanke, nach meiner Entlassung, auch wenn bis dahin Jahre vergehen werden, ein Leben im Kloster anzustreben, ließ sich nicht mehr verdrängen. Jetzt wurde ein Ziel in der Zukunft sichtbar. Konnten die Jahre der Haft, die noch vor mir lagen, nicht eine Vorbereitungszeit für ein späteres Leben im Kloster sein? Welche Erwartungen hatte ich eigentlich an das Leben? Was war mir jetzt wichtig?

Mir war klar, daß ich nicht vor den Anforderungen eines Lebens in der modernen Gesellschaft ins Kloster fliehen könnte. Aber ich spürte keinen Drang mehr, mich der Jagd nach oberflächlicher Lebensqualität auszusetzen. Ich hatte solch ein Leben der vielen äußerlichen, materiellen Verlockungen geführt und bin dabei nicht glücklich geworden. Es war, das muß ich sagen, ein Leben ohne Glaubwürdigkeit, ohne Glauben, ohne Gott, nur eine mit Umtrieb gefüllte Hülle. Leben aber bedeutet mehr als Jagd nach Wohlstand, Vergnügen und Anerkennung. Ein Leben, wie es vielfach außerhalb der Gefängnismauer geführt wird, in der sogenannten Freiheit, die diesem großen Wort eigentlich gar nicht gerecht wird, ein solches Leben lockt mich nicht mehr. Da war etwas anderes, etwas Neues, was mir erstrebenswert schien. „Nur eines erbitte ich vom Herrn, danach verlangt mich: Im Haus des Herrn zu wohnen alle Tage meines Lebens, die Freundlichkeit des Herrn zu schauen und nachzusinnen in seinem Tempel ..." (Psalm 27). Diese Worte ließen mich nicht mehr los. Ich hatte den Eindruck, daß sie mir ganz persönlich galten. Aber war dies tatsächlich so? Ich ließ den Gedanken wachsen. Wochen und Monate vergingen, bevor ich darüber mit dem Pfarrer sprach.

Zunächst galt es abzuklären, ob mein Ansinnen überhaupt realisierbar sei, denn schließlich war ich kein junger Mann mehr. Der Pfarrer arrangierte Gespräche mit Ordensleuten aus unterschiedlichen Gemeinschaften. Dabei kam heraus, daß es grundsätzlich möglich ist, auch aus meiner Situation und mit meiner Vergangenheit in ein Kloster einzutreten. Nach wie vor beschäftigte mich die Frage, die auch von anderen Menschen an mich herangetragen wurde, weshalb es mich eigentlich ins Kloster zog. Eine solche einschneidende Entscheidung würde für mich endgültig sein. Auf diesem Weg würde es kein Zurück mehr geben, das war mir vollkommen klar.

Ein Leben im Kloster bedeutet, ausschließlich für Gott zu leben, ihm mit ganzem Herzen zu dienen und den eigenen Willen allen Anordnungen der Oberen unterzuordnen. Genährt durch das wachsende Gefühl der Dankbarkeit gegenüber meinem Schöpfer, der mich in meiner scheinbar ausweglosen Situation angesprochen und mir einen neuen Weg gezeigt hatte, entwickelte sich der Klosterwunsch. Mein Leben hatte Sinn und Inhalt bekommen, war reich geworden. Die Malerei hatte mir meine Hilflosigkeit klar vor Augen geführt, aber auch die Erfahrung geschenkt, daß es mit Gottes Hilfe möglich ist, Unmögliches zu erreichen. Als Lebenslänglicher verurteilt und eingesperrt, hat sich etwas Unglaubliches entwickelt, was alle, die mich näher kennen, in Erstaunen versetzt.

Ich wurde zu einem freien Menschen. Die Gitter und Eisentüren verloren ihre Bedeutung, und die Tatsache, daß ich in einem Gefängnis lebe, wurde zunehmend bedeutungsloser. Ich durfte Dinge schaffen, die die Herzen der Menschen erreichen und Freude vermitteln. Was mir geschenkt wurde, beruhte nicht auf eigenem Leistungsvermögen. Es war ein Geschenk, das Konsequenzen forderte. Was ich tun konnte, war, dem Herrn zu danken, indem ich mich bemühte, der Tradition entsprechend zu seiner Ehre Ikonen zu malen. Das Kloster ist sicherlich ein geeigneter Ort für eine solche Tätigkeit. Aber es gibt auch noch einen anderen Grund, der mich leitet, einen solchen Weg zu verfolgen.

Der Gedanke, nach Verbüßung meiner Strafe das Gefängnis zu verlassen und in Freiheit ein neues Leben zu beginnen, so als sei damit nun alles erledigt, war für mich nicht mehr denkbar. Zu groß war die Schuld, die ich auf mich geladen hatte, um so abgehandelt, als erledigt betrachtet zu werden. Was ich getan hatte, konnte mit der Verbüßung einer zeitlichen Freiheitsstrafe nicht abgegolten sein, zumal die tatsächliche Haft für mich keinen Strafcharakter mehr hatte. Daraus ergab sich, daß ich etwas anstreben müßte, was auch in Zukunft ein Leben mit dieser Schuld ermöglichen würde. Bei einem normalen Leben innerhalb unserer Gesellschaft wäre es sicherlich schwierig, meine Schuldgefühle mit den täglichen Erfordernissen eines Berufs- oder gar Familienlebens zu verbinden. In einem Kloster dürfte das anders sein.

Deshalb beschäftigte mich zunehmend der Gedanke, ein Leben hinter Klostermauern anzustreben, mich den Regeln des Ordens unterzuordnen, zu beten und zu arbeiten. Es könnte ein Weg sein, ein guter Weg, um mit der Schuld zu leben. Ich ließ diesen Gedanken in mir reifen; er brauchte seine Zeit, vergleichbar mit einem zarten Pflänzchen, das der Pflege bedarf, damit es gedeiht und sich entwickelt.

Nouwen macht an mehreren Begebenheiten deutlich, wie schnell man sich für eine Sache begeistern kann und wie schnell diese Begeisterung wieder ihren Reiz verliert. Ich wollte mir Zeit lassen, darauf vertrauen, daß Gott mir den richtigen Weg zeigen, daß er mir helfen wird, diesen Weg zu gehen. „Verlaß dich auf den Herrn, von ganzem Herzen, und verlaß dich nicht auf deinen Verstand." Der Spruch an meinem Arbeitsplatz wurde immer bedeutungsvoller, er wurde zur Richtschnur für meine Zukunft.

Ermutigungen

Das Ikonenmalen bestimmte zunehmend meinen Tagesablauf. Ich betrachtete es als die Aufgabe, die mir zugewiesen war, und spürte, daß ich sie bewältigen konnte. Gefordert waren Kraft, Ausdauer und Zuversicht. Gott würde mir helfen, das zu verwirklichen, was ich tun sollte. Ich fühlte, daß ich in einen neuen Lebensabschnitt hineinwuchs, daß sich ein neues Leben abzuzeichnen begann.

Um meine Aufgabe erfüllen zu können, gab ich alle sportlichen Aktivitäten auf. Es war nun nicht mehr wichtig, körperlich fit zu bleiben, um nach der Entlassung aus dem Gefängnis in der Lage zu sein, den vermeintlichen Anforderungen des Lebens nachkommen zu können. Das Leben, das mir einst so wichtig war, daß ich dafür alles aufs Spiel gesetzt hatte, lockte mich nicht mehr, denn ich hatte etwas anderes, etwas viel Wertvolleres geschenkt bekommen. Abgesehen von den Pflichten, die mein Job als Hausarbeiter mit sich brachte, wollte ich mich nun ganz dem Ikonenmalen zuwenden.

Gott dienen und mit meiner Hände Arbeit danken, das war das neue Ziel. Der Literatur entnahm ich, daß die Ikonenmalerei auch als Gottesdienst verstanden werden kann, als ein stellvertretender Dienst für andere Menschen, die dies aus irgendwelchen Gründen nicht können oder wollen. In diesem Sinne wollte ich Ikonen malen und beten. Dabei wurde immer deutlicher, wie wichtig das Gebet war. Auch wenn es oberflächlich und zerstreut war, ich vertraute darauf, daß Gott mein Bemühen sehen und mein Gebet trotz aller Mängel annehmen würde.

Gleichzeitig bemühte ich mich aufrichtig um eine christliche Lebensweise. Die Folge davon war, daß ich nun versuchte, verstärkt auf meine Mitgefangenen einzugehen, ihnen zu helfen, soweit es mir als Hausarbeiter möglich war und zur Verbesserung der Lebensbedingungen beizutragen. Meist ging es nur um Kleinigkeiten, die aber in einem Leben voller Einschränkungen wichtig wurden. Mein bisheriges konsequentes Nein zu vielen Dingen, die an mich herangetragen wurden, änderte sich. Ich ließ Fragen und Wünsche an mich heran und zeigte Hilfsbereitschaft. War ich lange Zeit von vielen Mitgefangenen nicht akzeptiert worden, so wurde dies jetzt allmählich anders. Es entwickelte sich ein besserer Kontakt zu den Menschen, mit denen ich täglich zu tun hatte. Leute, die mich bislang mieden und kein Wort mit mir sprachen, begannen sich zu öffnen. Freundlich zu jedermann und hilfsbereit, versah ich meine Arbeit und zog mich für die restliche Zeit zurück. Es war ein Rückzug, ohne mich abzusondern oder abzugrenzen, denn für alle Anregungen und Wünsche meiner Mitgefangenen blieb ich offen.

Das Malen wurde zunehmend problemloser. Es entwickelte sich ein Gefühl für das richtige Mischungsverhältnis der Grundemulsion, was je nach verwendetem Farbpigment unterschiedlich sein kann. Eine wachsende Erfahrung im Umgang mit dem Arbeitsmaterial machte sich bemerkbar und stärkte mein Selbstvertrauen. Die Folge war, daß ich nicht mehr so zaghaft bei der Verwendung einzelner Farben vorging. Ich lernte, daß die Farben sich hinterher auch in einem gewissen Umfang korrigieren lassen und daß es oftmals gar nicht möglich ist, auf Anhieb einen bestimmten Farbton zu erzielen. Manchmal bedarf es zunächst einer Veränderung der unteren Farbschicht, um ein ganz bestimmtes Ergebnis zu erreichen. Zu einer großen Hilfe wurde mir eine Abhandlung über Farben und Bindemittel von Karl F. J. Berger in der Fachzeitschrift Hermeneia. Die Leiterin des Ikonenmuseums in Recklinghausen hatte mir diese Abhandlung geschickt und mir damit eine wertvolle Richtschnur für das Ermischen der Farben an die Hand gegeben.

In der Zwischenzeit waren eine ganze Reihe von Ikonen entstanden, und ich war mit meiner Entwicklung zufrieden. Es war bei weitem noch nicht das, was ich anstrebte, aber es war erkennbar, daß ich auf meinem Weg, ein Ikonenmaler zu werden, Fortschritte machte.

Eines Tages ergab es sich, daß ich einen Sozialarbeiter kennenlernte, der in der Justizvollzugsanstalt Köln tätig ist. Als Mitarbeiter des Sozialdiensts katholischer Männer, des SKM Köln, kam er einmal in der Woche nach Rheinbach, um „alte Bekannte" zu besuchen, und ihnen, soweit es möglich war, helfend unter die Arme zu greifen. Ich hatte ein bestimmtes Anliegen, doch er konnte mir dabei nicht helfen. Die Ikonen an der Wand meiner Zelle beeindruckten ihn, so daß wir näher ins Gespräch kamen und er mich auch in der Folgezeit besuchte. Sein Zuspruch und seine Beurteilungen haben dazu beigetragen, meine ständigen Zweifel an der Richtigkeit meiner Arbeit einzugrenzen.

Ich hatte bisher noch keine Ikone im Original zu Gesicht bekommen, lediglich Reproduktionen, die je nach Drucktechnik starke Unterschiede aufwiesen. So war ich voller Zweifel und meiner Sache nie ganz sicher. Aber er versicherte mir immer wieder, was ich machen würde,

sei richtig, und ich solle so weitermachen. In den Gesprächen gab er Hinweise und Anregungen, so daß manches
in ein neues Licht gerückt wurde. Auch bot er mir Hilfe
an, da er um meine desolate finanzielle Lage wußte. So
bekam ich Bücher, die für meine Weiterentwicklung
wichtig und erforderlich waren, ebenso Werkzeuge und
Materialien, sofern ich dies ganz konkret benennen
konnte.

Sein Interesse an den Ikonen beruhte darauf, daß er in
den Jahren, in denen er als Sozialarbeiter tätig war, mehrfach Gefangene kennengelernt hatte, die sich mit der
Ikonenmalerei beschäftigten. Daraus war ein Bezug zu
dieser Malerei entstanden, und so konnte er das, was ich
malte, auch in einem gewissen Umfang beurteilen.
Schon sehr früh wies er mich darauf hin, daß ich einen
eigenen Stil entwickelt hatte, was mir gar nicht bewußt
war und was ich auch bestritt. Er stand aber zu dem, was
er sagte, und behauptete, meine Arbeiten unter hunderten sofort erkennen zu können. Immer wieder zog er
Vergleiche zu ihm bekannten Ikonenmalern und lieferte
mir brauchbare Informationen.

Als Christ fühlte er sich von den Ikonen in ganz besonderer Weise angesprochen. Manches Gespräch hatte
einen religiösen Hintergrund und behandelte die funda-
mentale Bedeutung der heiligen Bilder für den orthodoxen Christen, aber auch für christlich denkende Menschen im allgemeinen. Ich hatte ihm meinen Werdegang
erzählt und wie ich durch die Ikonen zum Glauben gefunden hatte. Wichtig war mir zu verdeutlichen, daß es
keine Bilder im herkömmlichen Sinne waren, sondern
sichtbarer Ausdruck meiner Glaubenshaltung, gemalt in
einer tradierten Urform, gedacht als eine Botschaft für
Menschen. Daß diese Botschaft ankam, bestätigte er mir
immer wieder.

Eine weitere Begebenheit trug dazu bei, daß ich auf dem eingeschlagenen Weg blieb und in dem bisherigen Stil weitermalte. Es war die Begegnung mit einer jungen Frau, die als Psychologin in der Vollzugsanstalt tätig war. Zunächst sah es wie ein Zufall aus, daß wir uns überhaupt begegneten, denn sie war für mich nicht zuständig, und sie einfach anzusprechen, wäre mir nicht in den Sinn gekommen. Nach einem schwerwiegenden Zwischenfall, der sich auf meiner Abteilung ereignet hatte und in dessen Folge ich mit dem Abteilungsbeamten ein Gespräch führte, kam sie hinzu und fragte nach meiner Einschätzung, da ich im Anfangsstadium Augenzeuge des Geschehens gewesen war. So kamen wir miteinander ins Gespräch.

Es blieb nicht bei meiner Beurteilung des Vorfalls, wir kamen vom Thema ab, da meine allgemeine Argumentation wohl ihr Interesse weckte. Ich begann, etwas über meine Malerei zu erzählen, und die Folge war, daß sie einen Blick auf die Bilder werfen wollte. Sicherlich war es mehr als rein berufliches Interesse, denn ihre Reaktion auf die Ikonen überraschte mich. Sie nahm die Bilder nicht einfach zur Kenntnis, sondern ich hatte den Eindruck, daß sie sich von den Ikonen unmittelbar angesprochen fühlte. Es entwickelte sich ein längeres Gespräch, in dem sie etwas über die Ikonen und meine Motivation, sie zu malen, wissen wollte. Ihr ganzes Verhalten erweckte den Eindruck, eine sehr sensible und Ehrlichkeit ausstrahlende Frau vor mir zu haben, die ein echtes Interesse an meinen Arbeiten hatte. Es war für mich eine neue Erfahrung, durch meine Arbeit ganz spontan Kontakt zu einem interessierten Menschen zu finden, der zunächst einen sehr zurückhaltenden, um nicht zu sagen scheuen Eindruck erweckte. Ihre positive Reaktion tat mir richtig gut, da ich nach wie vor meiner

Sache nicht sicher war. Irgendwie verstand sie es, durch Worte und Gestik zu überzeugen, daß das, was ich gemalt hatte, gut und richtig war, daß die Aussage der Ikonen verstanden wurde.

Natürlich hatte es in der zurückliegenden Zeit immer wieder positive Resonanzen gegeben. Aber sie wirkten auf mich nie so überzeugend wie bei dieser jungen Frau. Was sie signalisierte, war mehr als eine oberflächliche Begeisterung. Ich hatte nun erstmals jemanden kennengelernt, der ein spürbares Interesse an meiner Arbeit zeigte und mir die Möglichkeit gab, über meine Beweggründe, Erfahrungen und Gefühle zu sprechen. Sicherlich spielte der Umstand, daß sie Psychologin war, eine wesentliche Rolle, denn es war keinesfalls meine Art, so vorbehaltlos und offen mit einem mir nicht näher bekannten Menschen zu reden. In der Folgezeit kam es zu wiederholten Begegnungen und Gesprächen, die ganz entscheidend zu meiner weiteren Entwicklung beitrugen.

Diese Begegnung schien anfangs wie zufällig, aber auch das, was uns oft als Zufall erscheinen mag, entspricht dem Willen Gottes, darauf kann der gläubige Mensch bauen. Alles, was geschieht, auch wenn es uns oft unverständlich, ja schrecklich erscheint, beruht auf dem Willen Gottes. Wir begehen leicht den Fehler, unser Denkschema mit Gottes Denken gleichzusetzen. Ja, wir maßen uns gar an, Dinge besser wissen zu wollen und bemerken nicht, welcher Überheblichkeit wir uns damit schuldig machen. Doch Gott hat viel Nachsicht mit seinen Geschöpfen und ist geduldig. Er lenkt unser Geschick, auch wenn wir immer wieder dagegen aufbegehren, und spricht uns immer wieder an.

Natürlich liegt es an jedem Menschen selbst, wie er sich entscheidet und wie er reagiert. Darin kommt der freie Wille zum Ausdruck, den Gott uns gegeben hat und der uns von der übrigen Natur unterscheidet. Gott fordert uns ganz, was auf den ersten Blick vielleicht abschreckt, aber in der Wirklichkeit des Lebens ein ungeahntes Potential an Kraft und Zuversicht freisetzt. Wenn, dann muß man sich Gott ganz konsequent zuwenden. Man kann ihn nicht für seine egoistischen Zwecke mißbrauchen. Er ist kein Kundendienst, den man bei Bedarf herantelefonieren kann. Sich auf Gott einlassen ist sicherlich ein Abenteuer, aber, das kann ich aus meiner Erfahrung sagen, ein unglaubliches, das ganze Leben positiv gestaltendes Abenteuer. Alles, was ich im Laufe der Jahre erlebt habe, die vielen Menschen, die ich kennengelernt habe und die mir geholfen haben, all dies war mit Sicherheit kein Zufall.

Ich begegnete jetzt der Psychologin öfters im Hafthaus. In Abständen kam sie vorbei, voller Neugier, und überraschte mich immer wieder mit ihrer Begeisterung, die sie für die Ikonen zeigte. Der Psychologe, mit dem ich mich wöchentlich traf, hatte für meine religiöse Entwicklung wenig Verständnis, dagegen waren die Gespräche mit der jungen Frau in dieser Hinsicht sehr fruchtbar. Es waren keine Gespräche auf einer dienstlich nüchternen Ebene, es war mehr ein Austausch ganz persönlicher Erfahrungen, die unsere Begegnungen so wertvoll machten. So war es auch nie eine einseitige Angelegenheit. Es waren für beide Seiten offene und ehrliche Dialoge, die für mich zusätzlichen Wert bekamen.

Die Psychologin war eine Frau, die mir als Mann, der schon etliche Jahre in Haft war, gegenübertrat. Als weibliches Wesen hätte sie früher meine Phantasie in Bewegung gesetzt. Erfreulich war für mich die Feststellung, daß ihre Anwesenheit keinerlei Wunschvorstellungen erzeugte. Oder anders ausgedrückt, ich war in der Lage, aufkommende Gedanken erotischer Art schon in ihrem Entstehen abzublocken – eine völlig neue Erfahrung, für mich um so wertvoller, weil ich auch darüber mit ihr reden konnte. Sie war für mich nicht das weibliche Wesen, das mich als Mann herausforderte, sondern ein Mensch, der mir sympathisch war, der an meiner Entwicklung, an meiner Arbeit Teilnahme zeigte. Sie war eine Frau, für die ich freundschaftliche Gefühle entwickeln konnte und durfte, ohne daß irgendwie sinnliche Gedanken eine Rolle spielten. Dies festzustellen freute mich, denn ihre Weiblichkeit blieb nicht außen vor. So freute ich mich, wenn sie etwas Hübsches anhatte, und als wir uns einmal im Hafthaus begegneten und sie durch ihre Kleidung im tristen Gefängnisalltag ein richtiger Lichtblick war, habe ich ihr gesagt, daß sie ein Stück Sonnenschein ins Haus gebracht habe. Für mich war es etwas Schönes, offen und ohne irgendwelche Hintergedanken mit einer Frau reden zu können. So wurden unsere Begegnungen im eintönigen Alltag der Vollzugsanstalt zu besonderen Erlebnissen.

Ihre sichtbare Freude für meine Arbeiten beeindruckte mich oft. Sie brachte Empfindungen zum Ausdruck, die nur aufgrund ihrer Sensibilität für diese Bilder möglich waren. So sprach sie oftmals aus, was ich unbewußt in die Arbeit eingebracht, hineingebetet hatte. Es wurde aber erst deutlich und nahm Gestalt an, als sie es aussprach. War ich voller Zweifel über das Ergebnis einer Arbeit, so riß sie mich mit ihrem Enthusiasmus förmlich aus allen Zweifeln heraus. Was einen Menschen so beeindruckt, so unmittelbar ansprach, konnte eigentlich nicht falsch sein! Brachte ich Bedenken zum Ausdruck, bestürmte sie mich regelrecht, vom eingeschlagenen Weg nicht abzuweichen. Immer war es ihr mitreißender Schwung, ihre von Herzen kommende

Freude, die mich motivierte, die mir Mut und Zuversicht vermittelte. So wurde sie für mich zu einer großen und entscheidenden Hilfe.

Eine Begebenheit ist mir in besonderer Erinnerung. Ich hatte die Ikone der „Gottesmutter des Zeichens" gemalt. Sie zeigt die ganzfigürlich stehende Madonna mit zum Gebet erhobenen Händen. In einem runden, mit Blattgold ausgelegten Medaillon ist der jugendliche Christus-Immanuel, mit zum Segen ausgebreiteten Armen, zu sehen. Als sie diese Ikone sah, legte sie ihre Hände ganz spontan flach auf ihrer Brust übereinander und sagte mit leiser Stimme: „Hier kommt es an, es ist richtig zu spüren!" und immer wieder: „Sie ist wunderschön!" Das hat mich tief beeindruckt, denn ich spürte, daß es hier um mehr ging, als die Aussagekraft eines Bildes zu verdeutlichen. Solche und ähnliche Erfahrungen waren Schlüsselerlebnisse, die mir deutlich machten, daß ich etwas schaffen durfte, was Menschen in ihrem Innersten ansprach. Ich, der im Grunde nichts konnte, verurteilt und für die Gesellschaft abgeschrieben war, ausgerechnet ich durfte solche Bilder malen, durfte solche Begebenheiten erleben, die mein Dasein im Gefängnis so völlig veränderten und mich tief berührten.

Wie groß muß Gottes Liebe sein, die solches ermöglicht, solches schenkt! Es war und ist für mich unfaßbar, daß ich mit meinen begrenzten Fähigkeiten in der Lage bin, Dinge zu schaffen, die Hinweis und Signal göttlicher Liebe und Großmut sind. Nüchtern, wie ich nun mal veranlagt bin, ist es für mich nicht begreiflich, was durch meiner Hände Arbeit entsteht. Ich male, begleitet vom Gebet, und stehe am Ende selbst fassungslos vor dem Ergebnis, von dem ich weiß, daß ich es nicht aus eigenem Vermögen gemalt habe.

Originalikonen und Expertenrat

Wird ein Straftäter nach seiner Verurteilung der Justiz zur Vollstreckung der Strafe übergeben, erstellt die Anstaltsleitung einen Vollzugsplan; er legt die Schritte fest, die der Wiedereingliederung in die Gesellschaft dienen sollen. Im jährlichen Abstand wird dieser Vollzugsplan fortgeschrieben. Es finden sogenannte Vollzugsplankonferenzen statt. Dabei hat der Gefangene nach einem vorausgehenden Gespräch mit dem zuständigen Sozialarbeiter Gelegenheit zur Stellungnahme. Bei der fälligen Fortschreibung meines Vollzugsplans wurde nun erstmals meine malende Tätigkeit in den Vollzugsplan aufgenommen. Ich erhielt die Zusage, mit Förderung rechnen zu können, soweit der Vollzug dies zuließ und es meiner Entwicklung dienlich sei.

Für mich war dies ganz wichtig, da nun mein Bestreben, etwas für meine Zukunft zu tun, aktenkundig wurde. Gleichzeitig wurde in Erwägung gezogen, daß ich im Rahmen einer Ausführung Gelegenheit erhalten sollte, mir in einem Museum Originalikonen anschauen zu können. Es war für meine weitere Entwicklung wichtig und förderlich, alte Ikonen sehen, Arbeitstechniken studieren und Eindrücke sammeln zu können. In Absprache mit dem Psychologen beantragte ich eine Ausführung, die zum Einkauf spezieller Materialien und zu einem Besuch im Ikonenmuseum in Recklinghausen die-

142

nen sollte. Der Antrag wurde genehmigt, das war die erste echte Lockerung auf meinem Vollzugsweg.

Zwei Jahre, nachdem ich die erste Ikone gemalt hatte, erhielt ich Gelegenheit, mich erstmals nach Jahren frei in der Öffentlichkeit zu bewegen. Aber ich empfand das als etwas durchaus Normales; die Haftzeit hatte für mich keine spürbar hemmenden Merkmale hinterlassen. In Begleitung des Psychologen und eines Bediensteten fuhren wir zunächst nach Köln, wo ich in einem Fachgeschäft die geplanten Einkäufe tätigen konnte. Eine neue Erfahrung, denn bislang ließ ich mir das Material schicken oder im Einzelfall auch mitbringen. Fehlinvestitionen waren auf diese Art unvermeidlich. Nun konnte ich das, was ich kaufen wollte, vorher ansehen, Fragen stellen und mich beraten lassen. Es war ein erhebendes Gefühl voller Spannung, in einem Fachgeschäft die Vielfalt des Warenangebots zu erleben. Ich wußte gar nicht, wo ich überall hinschauen sollte, soviel gab es zu sehen. Alles Dinge, für die ich in irgendeiner Weise Verwendung gehabt hätte. Aber die Zeit lief, und die finanziellen Mittel ließen auch nur den Kauf der eingeplanten Materialien zu.

Von Köln ging die Fahrt nach Recklinghausen in das einzige für mich erreichbare Ikonenmuseum. Erwartungsvoll freute ich mich, Ikonen aus der Nähe zu betrachten und unmittelbar auf mich wirken zu lassen. Brieflich war ich mit der Leiterin des Ikonenmuseums, die mir verschiedentlich Informationsmaterial über bestimmte Arbeitstechniken geschickt hatte, verabredet. Nun würde ich auch die Möglichkeit haben, ihr detaillierte Fragen stellen zu können.

Es war schon ein besonderes Erlebnis, nun Ikonen vor mir zu sehen, die vor Hunderten von Jahren gemalt worden waren. Vor lauter Ikonen sah ich im Grunde kaum

Einzelheiten. Was es da zu sehen gab, was auf mich ein-
stürzte, es war einfach zu viel, um alles aufgenommen
und verarbeitet zu werden. Was meine Augen sahen, war
unglaublich und in keiner Weise mit dem zu vergleichen, was mir durch die Literatur bekannt war. Hier
wirkten die Ikonen unmittelbar und vermittelten einen
körperlichen Eindruck; sie wurden lebendig, waren
keine leblosen Reproduktionen mehr.

Viele Ikonen waren zum Teil stark gewölbt. Das irri-
tierte mich zunächst, da mir dies aus der Literatur in
diesem Ausmaß nicht bekannt war. Genau betrachtet,
war die starke Verwölbung nach außen gar nicht so ungewöhnlich, denn die Ikonen wurden auf dicke Holztafeln gemalt. Da stets die zur Stammitte hingewandte
Seite mit Kreidegrund bestrichen und bemalt wird,
wölbt sich diese, einem Naturgesetz folgend, nach außen. Werden mehrere Bretter miteinander verleimt, entsteht im Laufe der Zeit eine kontinuierliche Wölbung.
Über einen langen Zeitraum ist man dazu übergegan-
gen, die Rückseite des Malbretts mit Nuten zu versehen,
in die man Leisten aus hartem Holz einschob, um so die
Wölbung des Brettes zu bremsen oder zu verhindern.
Nach heutigen Erkenntnissen war dies falsch, denn die
Querhölzer führen zu einem Spannungsanstieg an den
Stoßstellen der einzelnen Bretter, wobei es im Lauf der
Zeit unweigerlich zu Spannungsbrüchen kommt, die
oftmals ganz erhebliche Beschädigungen auf der Bild-
seite zur Folge haben.

Die Farbenpracht und die Aussagekraft der alten Ikonen beeindruckte mich gewaltig. Das Gespräch mit der
Kustodin des Museums war aufschlußreich und interessant. Ich erhielt wertvolle Hinweise, und ihre Erläute-
rungen an einzelnen Motiven öffneten mir die Augen
für Details, die ich vorher nicht beachtet hatte. Sie äu-

ßerte sich auch lobend über meine bisherigen Arbeiten, und als ich ihr erzählte, welch niederschmetterndes Urteil ich von dem Kölner Ikonenmaler erhalten hatte, entgegnete sie ganz spontan, daß dies nur auf Neid zurückzuführen sein könnte. Sie bestärkte mich, auf dem richtigen Weg zu sein und empfahl mir einen in Bad Godesberg lebenden Restaurator; dieser freundliche und hilfsbereite Herr würde mir sicherlich alle Fragen beantworten, die ich in diesem Zusammenhang an ihn stellen würde.

Am frühen Nachmittag mußte die Heimfahrt angetreten werden, und so ging ein Tag mit vielen schönen Eindrücken zu Ende. Es war ein ungemein spannendes, von vielen neuen Erfahrungen geprägtes Erlebnis. Erst hinterher wurde mir deutlich, wie wichtig dieser Besuch im Ikonenmuseum mit seinen reichen Informationen und Eindrücken war. Ich konnte mir an Originalikonen einen Überblick über die Ikonenmalerei vergangener Jahrhunderte verschaffen. Die Gegensätze der einzelnen Epochen, Länder und Regionen mit ihren unterschiedlichen Stilrichtungen waren auch für mein ungeübtes Auge erkennbar. Ebenso deutlich wurde mir aber auch, daß ich der Tradition entsprechend malte und daß ich meine eigenen Ikonen malen mußte. Sicherlich in starker Anlehnung an die alten Vorbilder, aber Ikonen der heutigen Zeit, mit meinen Fähigkeiten, meiner Einstellung und den ganz persönlichen Empfindungen für diese heiligen Bilder. Ich muß, wie alle Ikonenmaler der Vergangenheit, meinen Stil finden und darin meine Gefühle zum Ausdruck bringen. Mir ging es nicht darum, Ikonen möglichst exakt zu kopieren, sondern sie so zu malen, wie ich meinte, daß es richtig sei, ganz aus einem Gefühl, welches von einer inneren Stimme beeinflußt und geleitet wird. Daß diese Bilder dann anders aussehen als die der vergangenen Epoche, war unvermeidlich und auch gut so. Ich war auf dem richtigen Weg.

Ein denkwürdiger Tag war vorüber. Er hatte mich auch in vollzuglicher Hinsicht weitergebracht. Die Tatsache, daß ich mich erstmals frei, ohne Handschellen, in der Öffentlichkeit bewegen durfte, war ein Meilenstein in meinem Vollzugsablauf. Nachdem wir in Rheinbach angekommen waren, konnte ich resümieren, keinen Augenblick daran gedacht zu haben, die Gelegenheit zur Flucht zu nützen. Ich war froh, wieder zu Hause zu sein, in einer Welt, in der ich noch etliche Jahre leben mußte.

Einige Tage später hatte ich Gelegenheit, mit dem Restaurator aus Bad Godesberg telefonieren zu können. Ich erklärte ihm Zweck und Hintergrund meines Anrufs und registrierte sofort eine freundliche Hilfsbereitschaft. So stellte ich die Fragen, die mich plagten und auf die ich in der mir zur Verfügung stehenden Literatur keine befriedigenden Antworten gefunden hatte. Schnell wurde deutlich, daß mein Gegenüber ein Fachmann war. Nicht nur, daß er auf meine Fragen eine verständliche und nachvollziehbare Antwort gab, er erläuterte gleich unterschiedliche Möglichkeiten, wie eine bestimmte Sache zu bewältigen sei. Auch konnte er mit meinen Fragen sofort etwas anfangen, obwohl ich mich sicherlich nicht fachgerecht ausdrückte. Ich war erleichtert und freute mich, nun jemanden gefunden zu haben, der mir helfen konnte und der sich zudem bereit erklärte, auch weiterhin meine Fragen beantworten zu wollen.

Mir war an diesem Kontakt sehr gelegen, und so schrieb ich einen ausführlichen Brief, in dem ich über meine Person, meine Entwicklung und Motivation berichtete, damit der Restaurator sich von mir ein umfassendes Bild machen konnte. So legte ich auch Fotos bei, um deutlich zu machen, in welcher Art ich die Ikonen malte. Es gibt ja manche Leute, die sich als Ikonenmaler bezeichnen, jedoch weniger Ikonen im traditionellen Sinne, sondern eher ikonenartige Bilder malen. Andere produzieren mehr oder weniger schlechte Bilder, die sie als Ikonen bezeichnen und gar den Anspruch geltend machen, in der alten Tradition zu malen. Hierzu gehören auch jene, die ihren Bildern durch eine entsprechende Nachbehandlung ein antikes Aussehen geben. So kann der Käufer den Eindruck haben, ein altes und vermeintlich wertvolles Bild zu besitzen. Solche Machwerke sind meines Erachtens weit von dem entfernt, was die heiligen Bilder prägt. Auch aus diesem Grund schien es mir wichtig, dem Restaurator Einblick in meine Malerei zu geben.

Umgehend bekam ich Antwort, und was der Restaurator schrieb, war ermutigend. Mit einer solch guten Beurteilung hatte ich nicht gerechnet. Als gebürtiger Slave war er sicherlich mit den heiligen Bildern aufgewachsen und hatte sich dazu durch ein Studium der Kunst und der byzantinischen Kunstgeschichte ein kompetentes Fachwissen erworben. Sein Urteil war für mich die Bestätigung, daß die Bewertung des Kölner Ikonenmalers sachlich unzutreffend und völlig überzogen war. Seine Kommentare zu den Fotos waren für mich besonders wichtig. So verwies er auf einzelne Punkte, die ikonographisch nicht richtig waren, und gab gleichzeitig ganz konkrete Hinweise, was und in welcher Form es zu ändern sei.

Ich war dankbar für seine ganz gezielten Ratschläge, die mir zeigten, daß ich in meiner Arbeitsweise noch sehr oberflächlich war und mir zu wenig Zeit nahm, Details zu studieren. Zum Beispiel bezog sich sein Kommentar auf die Gestaltung der Hände. Er gab Tips, wie einiges besser zu machen sei, und Zeichnungen verdeut-

Gottesmutter des Zeichens

Die Darstellung bezieht sich auf die Weissagung des Jesaja (Jes 7, 14): „Der Herr wird euch ein Zeichen geben: Seht, die Jungfrau wird ein Kind empfangen, sie wird einen Sohn gebären, und sie wird ihm den Namen Immanuel (Gott mit uns) geben".

Maria ist als die geweissagte Jungfrau dargestellt, mit erhobenen Händen in der Gebetshaltung der Orans, wie sie bereits in der frühchristlichen Katakombenmalerei anzutreffen ist. Christus Immanuel, auf Goldgrund, Zeichen seiner himmlischen Herkunft, gemalt, schwebt in einer Aureole vor der Brust Marias und hat die Hände zum Segen ausgebreitet.

Gemalt im November 1990

ЗНА́МЕНЇЕ ПРТЫ́А БЦЫ

МР ѲѴ

ІС ХС

Christi Geburt

In byzantinischer Art ist das Geschehen dargestellt, das die Welt verändern sollte. Zentraler Punkt der Ikone ist die Höhle mit dem göttlichen Kind und Maria, die auf dem Wochenbett liegt. Zu sehen ist der Chor der Engel und die Verkündigung der Heilsbotschaft an die Hirten. Der Stern im Zenit sendet einen Strahl nach unten auf die Höhle und das Kind, das, in Windeln gewickelt, in einer Krippe liegt. Der Stern ist zugleich Orientierung für die Magier auf ihren Pferden, die gekommen sind, um anzubeten.

Unten am Berg wird eine Badeszene wiedergegeben und Josef, nachdenklich auf einem Fels sitzend. Die vor ihm stehende Gestalt wird mal als Hirte, mal als der Versucher, aber auch als der Prophet Jesaja gedeutet, bezogen auf die Weissagung: „Seht, die Jungfrau wird ein Kind empfangen …" (Jes 7, 14).

Gemalt im Dezember 1991

lichten seine Hinweise. Auch das Malen der Haar- und Barttracht war für mich noch äußerst problematisch. Um ein annehmbares Ergebnis zu erzielen, war ein erhebliches Maß an Konzentration gefordert. Auch hier gab er wertvolle Anregungen, wie dies besser zu bewältigen sei. Ebenso mahnte er, die Augen nicht so stark mit der Farbe Weiß hervorzuheben, gab ganz konkrete Anleitungen und bemerkte, die Farbe Weiß ganz allgemein möglichst sparsam zu verwenden. Zum Sankir, der Grundfarbe für alle Fleischpartien, machte er Vorschläge und zeigte andere Möglichkeiten auf, die zu einer Bereicherung meines Wissens beitrugen und die ich auch umsetzte.

Dank all dieser Hinweise und Ratschläge bekam ich ein geschärfteres Auge für Details. Mein Blick für Kleinigkeiten und Feinheiten bedurfte aber noch einer Schulung. Es fehlte die Hand eines Lehrers. Alleine auf mich gestellt, war es mir gar nicht bewußt, daß besonders die Details ganz entscheidend ein Bild prägen. Was mir an Literatur zugänglich war, diente weniger der Aus- und Weiterbildung eines berufsmäßigen Ikonenmalers, es ist wohl mehr als Hilfe für diejenigen gedacht, die in ihrer Freizeit Ikonen als Hobby malen wollen. Ich hingegen hatte die Absicht, ein professioneller Maler zu werden. Im Normalfall wendet man sich mit einem solchen Anliegen an einen anerkannten Meister und strebt eine Ausbildung unter seiner Leitung an. Dieser Weg war mir jedoch verwehrt, was zwangsläufig eine Vielzahl von Schwierigkeiten mit sich brachte.

Der Literatur ist zu entnehmen, daß die Ausbildung eines Ikonenmalers etwa zehn Jahre in Anspruch nimmt, die der Schüler unter der Leitung seines Meisters verbringt. Bis mir dies möglich ist, muß ich auf dem bisherigen Weg versuchen, möglichst viel zu erlernen, auch wenn mir deutlich ist, daß es Grenzen gibt, daß sich bestimmte Teilbereiche und Techniken nicht autodidaktisch erarbeiten lassen. Aber ich war schon froh, nun wenigstens einen erfahrenen Fachmann befragen zu können, Ratschläge zu erhalten und das von mir erzielte Ergebnis überprüfen zu lassen.

Durch den Restaurator erfuhr ich erstmals, daß ich in der griechischen Tradition malen würde. Im Gegensatz zur russischen Ikonenmalerei, die je nach Schule lasierende Hinter- bzw. Untergründe malt, ist die griechische Maltechnik satt und deckend. Ich war überrascht zu hören, daß meine Malerei der griechischen Tradition entsprach, denn bewußt war dies von mir nicht angestrebt worden. Es hatte sich einfach so ergeben aus Mangel an Vergleichsmöglichkeiten und natürlich auch wegen einer fehlenden Anleitung. Die lasierende Arbeitstechnik bedarf einer Führung durch sachkundige Hand. Es müssen besondere Arbeitsweisen bei dieser Art der Malerei beachtet werden, worüber in der Literatur nur ganz allgemein etwas zu finden ist. Die von mir praktizierte opake Malerei ist dagegen weniger schwierig. Ich hatte sie mir unbewußt angeeignet, und der Restaurator meinte, ich solle dabei bleiben. So verfolgte ich den einmal eingeschlagenen Weg weiter und bemühte mich, die Ratschläge in die Tat umzusetzen.

Ein großes Problem, das ich bis heute noch nicht zu meiner vollen Zufriedenheit bewältigt habe, ist die Versiegelung der fertigen Ikone. Zwar schreibt Klaus Kegelmann, ein bekannter Ikonenmaler aus Osnabrück, in seinem Buch „Ikonen-Malschule", daß Ikonen nur dann gefirnißt werden sollten, wenn sie zu Liturgiezwecken Verwendung finden. Doch ich bin der Meinung und stehe damit durchaus nicht allein, daß eine Abschlußversiegelung in jedem Fall erforderlich ist. Es bleibt nicht aus, daß äußere Einwirkungen mit der Zeit unweigerlich zur Verschmutzung der Ikone führen, die sich bei einer guten Versiegelung problemlos entfernen läßt. Setzt sich dagegen Schmutz, der allein schon in unserer Luft reichlich vorhanden ist, auf der ungeschützten Bildtafel nieder, ist eine Reinigung wesentlich schwieriger.

Die Frage ist lediglich, was sich zur Abschlußversiegelung am besten eignet. Beim Studieren der vielfältigen Literatur wird deutlich, daß jeder Ikonenmaler seine eigene Versiegelungstechnik praktiziert. Das geht vom einfachen Aufsprühen eines Kunstharzlackes, über wachs- und terpentinhaltige Pasten bis zu alkohollöslichen Firnissen. Karl F. J. Berger behandelt dieses Thema ebenfalls in einem Aufsatz der Fachzeitschrift Hermeneia und bietet dabei mehrere Möglichkeiten und Rezepturen für die eigene Herstellung an. In der Literatur taucht häufig der Begriff „Olifa" auf, womit in der Regel ein Ölfirnis umschrieben wird, der in unterschiedlichsten Variationen selbst hergestellt werden kann. Dieser Bilderfirnis durchtränkt und verbindet die Farbschichten mit dem Malgrund und erhöht dadurch die Farbwirkung. Nachteil dieser Versiegelungstechnik ist, daß die Ikone im Laufe der Zeit, je nach Grad ihrer Verschmutzung, unter Umständen völlig schwarz wird. Staub und feine Rußpartikel verbinden sich mit dem Ölfirnis, so daß die Malerei mit der Zeit ganz verschwindet. Solche Ikonen werden vielfach als „schwarze Bilder" bezeichnet.

Heute stehen eine Vielfalt von Versiegelungsmöglichkeiten zur Verfügung. Die sogenannte Olifa scheidet wegen ihrer komplizierten Herstellung und der aufgezeigten Mängel im Grunde aus. Verwendet man ein heute gängiges Versiegelungsmaterial, so ist es nicht damit getan, auf die große Palette der Kunstharz- oder Nitrolacke zurückzugreifen. Es wäre natürlich eine einfache Lösung, aber falls die Ikone in späterer Zeit einer Restaurierung unterzogen werden muß, wird der Restaurator erheblichen Schwierigkeiten ausgesetzt sein, diese Lackschicht zu entfernen, um wieder an die Malerei zu gelangen.

Nach vielfältigen Versuchen, denen auch fertige Ikonen zum Opfer fielen, landete ich schließlich bei einer Schellacklösung. Der Nachteil von Schellack ist, daß er stark glänzt. Dies läßt sich reduzieren, wenn die versiegelte Fläche zum Abschluß mit einer Wachssalbe behandelt wird. Der Glanz wird gebrochen und gleichzeitig die dem Schellack eigene Sprödigkeit gemildert. Dieses Verfahren scheint mir aber nicht die rechte Lösung zu sein; so suche ich immer noch nach besseren Möglichkeiten. Da ist wieder eine Grenze. Gleichzeitig fühle ich mich gefordert, einerseits das Erreichte zu akzeptieren und andererseits weiter auf die Hilfe Gottes zu bauen.

Bruder Severin

Eines Tages erzählte mir der katholische Pfarrer, daß schon seit Jahren ein Benediktinermönch der Abtei Maria Laach einzelne Gefangene besucht, und er würde mich gern mit ihm bekanntmachen. Aufmerksam hatte er meine religiöse Entwicklung verfolgt, stets für Fragen offen, doch ihm fehlte die Zeit für eine eingehendere Betreuung. Ich hatte keine Einwände, einen Mönch kennenzulernen, und als wir uns Wochen später auf dem Flur begegneten, sagte er mir, daß der Laacher Mönch am folgenden Tag kommen würde. Tags darauf holte er mich mit dem Hinweis ab, daß Bruder Severin eigentlich gekommen sei, um sich zu verabschieden, doch wolle er mich trotzdem noch kennenlernen.

Im Besucherraum traf ich einen älteren Mann, weißhaarig und bärtig, in Straßenkleidung. Ich hatte eigentlich einen Mönch im Habit erwartet und war etwas verwundert. Wir kamen ins Gespräch, und er erzählte, daß er aus Altersgründen die Betreuung von Gefangenen aufgeben wollte. Seine ernst blickenden Augen wurden im Gespräch lebendig, man merkte, daß man einen besonderen Menschen vor sich hatte. Gestik und Mienenspiel verrieten ein geistlich geprägtes Leben. Vertrauen und Lebensfreude, aber auch eine gewisse Unnachgiebigkeit wurden in seinem ganzen Verhalten deutlich. Irgendwie war er mir sogleich sympathisch. Der Pfarrer ließ uns allein, und wir vertieften uns in das Gespräch. Ich erzählte von mir und meinem Bemühen, Ikonen zu malen, von meinem Scheitern zu Beginn und von meiner Hinwendung zum Glauben mit allen Folgen. Aufmerksam hörte er mir zu und stellte dabei immer wieder Fragen. Am Ende versprach er, wiederzukommen.

Ob es nun die Schilderung meiner religiösen Entwicklung oder mein Ansinnen, später in ein Kloster eintreten zu wollen, oder der Umstand war, daß wir uns menschlich auf Anhieb sympathisch waren, jedenfalls war es nicht sein letzter Besuch in Rheinbach. Ich fand es schön, erstmals einen Mönch kennengelernt zu haben, der ständig in einem Kloster lebt und über eine entsprechende Erfahrung verfügt, die für meinen weiteren Weg unter Umständen wertvoll sein konnte. Wenige Wochen später kam Bruder Severin mich wieder besuchen, und unsere Begegnung war geprägt von einer gegenseitigen Freude über das Wiedersehen. Im ersten Gespräch hatte ich erzählt, daß ich die Gebetstexte der Laudes, Sext und Vesper beten würde. Nun überraschte er mich mit drei Bänden des monastischen Stundenbuchs, wie es von Benediktinern verwendet wird. Meine Freude war natürlich riesig, und die Vorstellung, nun in gleicher Weise wie benediktinische Ordensleute beten zu können, ließ ein Gefühl innerer Verbundenheit entstehen. Es schien mir der Anfang und eine Vorstufe zu einer Lebensform zu sein, die mich, sofern es dem Willen Gottes entspricht, in ein Kloster führen wird. Er erklärte mir die Handhabung, so daß ich die einzelnen Gebetshoren in meinen Tagesablauf aufnehmen konnte. Nun war ich in der Lage, meinen Lebensrhythmus weitgehend dem der Mönche anzupassen.

Im weiteren Verlauf des Gesprächs erfuhr ich auch Dinge über das Leben im Kloster, die nicht immer dem

Ideal entsprachen, die man sich als Außenstehender leicht davon macht. Das Gespräch mit Bruder Severin beeindruckte mich sehr. Es war vor allem keine einseitige Angelegenheit, sondern ein Austausch, bei dem zwei ganz verschiedene Lebenswege auf ein gemeinsames Ziel zugingen: er, der Mönch, der schon als junger Mann, als ich gerade das Licht der Welt erblickte, den Weg ins Kloster fand und sein Leben ganz auf Gott ausrichtete, und auf der anderen Seite ich, mit einer negativen Karriere, die mich ins Gefängnis brachte und auf diesem Umweg zum Glauben und zu Gott führte. Für mich war dies Gespräch um so wertvoller, als meine geistliche Entwicklung erst in den Anfängen, sozusagen auf dünnem Eis stand. Bruder Severin betrachtete es als seine Aufgabe, mir zu einem soliden religiösen Fundament zu verhelfen. Er wollte Ratgeber für all die Fragen sein, die mich beschäftigten. So versprach er, in kürzeren Abständen regelmäßig wiederzukommen und mich mit geistlicher Literatur zu versorgen.

In den folgenden Tagen befaßte ich mich mit dem Stundenbuch, das viel ausführlicher war als das, was ich bisher schon kannte. Von unserem Pfarrer erhielt ich die Lektionare zum Stundenbuch, in denen Texte des Alten und Neuen Testaments, Väterlesungen sowie Berichte aus den Leben der Heiligen für den jeweiligen Tag zu finden waren. Damit verfügte ich über alle Gebetstexte, um den Tag gemäß der monastischen Tradition gestalten zu können. Den bisherigen Gebetshoren fügte ich noch die Vigil am frühen Morgen und die Komplet am späten Abend an, so daß der ganze Tag nun in einen Gebetsrhythmus eingebettet war. Im zweiwöchigem Takt las ich nun alle Psalmen, die für mich zunehmend wertvoller und regelrecht Teil meines Lebens wurden. Von Dankbarkeit und Freude erfüllt, betrachtete ich mein

Tun nicht als eine Pflichtübung, sondern erfüllte eine Pflicht, die dem Herzen entsproß, mein Leben bereicherte, mir Kraft und ein ganz besonderes Maß an Zuversicht und Lebensfreude vermittelte.

Dabei hätte ich nicht sagen können, was mich eigentlich antrieb, mein Leben so zu ändern und einen monastischen Lebensstil anzustreben. Ich spürte einfach, daß es der richtige Weg war. Da war eine innere Stimme, die rief und der ich mich anvertraute. Sie sagte mir, daß mein Leben so Sinn hatte und mir eine Aufgabe zugefallen war. Es war eine Aufgabe, die mich mit Freude erfüllte, wobei ich merkte, daß ich als Person gar nicht so wichtig war. Es ging vordergründig nicht mehr so sehr um mich. Was ich anstrebte, wurde immer mehr Aufgabe und Dienst für meine Mitmenschen, die ich in mein Gebet einschloß. Damit verbunden war ein unbeschreibliches Glücksgefühl, keine überschäumende Euphorie, sondern ein richtiges, den ganzen Körper ergreifendes und von großem Gottvertrauen getragenes Gefühl der Lebensfreude. Es wurde ein Weg sichtbar, der immer deutlicher Gestalt annahm und der mich mit Macht anzog. In diesem Sinn fühlte ich mich zunehmend mit allen Ordensleuten verbunden, die ihr Leben Gott und seinem Dienst geweiht haben.

Früh um fünf Uhr stand ich auf und begann den Tag mit den Gebetstexten des Invitatoriums und der Vigil, dem Morgengebet, mit dem in den Klöstern der Tag beginnt. Um sechs Uhr war ich als Hausarbeiter gefordert und versorgte die Männer auf der Abteilung mit dem Frühstück. Danach schloß sich die Laudes an, das Morgenlob. Es begann für mich der Arbeitstag. Ich erledigte das jeweils Erforderliche, was getan werden mußte. Anschließend befaßte ich mich bis zum Mittag mit der Malerei, wobei diese Tätigkeiten mehr oder weniger vom

Jesusgebet begleitet wurden. Nach der Ausgabe der Mittagskost kennzeichnete die Sext, die Mittagshore, die Mitte des Tages und führte mich in eine Phase der Besinnung und des Gebets. Bis zum Spätnachmittag widmete ich mich dann wieder dem Ikonenmalen. Vor der Abendbrotausgabe beschloß die Vesper den Arbeitstag. Das Tagewerk war im wesentlichen geschafft und mit Gottes Hilfe gelungen. Der Rest des Abends verging mit Vorbereitungsarbeiten, in den Sommermonaten, in denen es länger hell blieb, auch mit Malen sowie dem Lesen der vielfältigen Literatur. Vor dem Schlafengehen beschlossen Komplet und ein Rosenkranz zu Ehren der Gottesmutter den Tag. Alles, was ich im Verlauf des Tages getan und erlebt hatte, legte ich ganz bewußt in Gottes Hand.

In dieser Form gestalteten sich nun meine Tage. Der Umstand, daß ich im Gefängnis und eingesperrt war, verlor völlig seine Bedeutung. Es war gar nicht mehr wesentlich, wo ich lebte, sondern nur noch wie. Die neue Lebensform sagte mir zu, sie entsprach meinem Bedürfnis der Dankbarkeit gegenüber Gott. Sie ließ Raum für Besinnung, wo auch mein Schuldgefühl seinen Platz hatte. Vor allem die Psalmen zogen mich immer mehr in ihren Bann:

„Lobe den Herrn, meine Seele, und vergiß nicht, was er dir Gutes getan hat; der dir all deine Schuld vergibt und all deine Gebrechen heilt, der dein Leben vor dem Untergang rettet und dich mit Huld und Erbarmen krönt ... Der Herr ist barmherzig und gnädig, langmütig und reich an Güte ... Er handelt an uns nicht nach unseren Sünden und vergilt uns nicht nach unserer Schuld" (Ps 109).

Welch eine Liebe und Zuversicht wird in diesen Worten deutlich! Ihnen konnte ich aus ganzem Herzen zustimmen: „Denn so hoch der Himmel über der Erde ist, so hoch ist seine Huld über denen, die ihn fürchten. So weit der Aufgang entfernt ist vom Untergang, so weit entfernt er die Schuld von uns. Wie ein Vater sich seiner Kinder erbarmt, so erbarmt sich der Herr über alle, die ihn fürchten."

Die vielfältige Schönheit der Psalmen begleitete mein Tagewerk, prägte ihm in gewisser Weise einen Stempel auf, setzte Akzente und wurde zur Orientierung. Selbst im tristen Gefängnisalltag, mit allen anfallenden Problemen, Nöten und Schwierigkeiten, wurde es nun möglich, auf meine Mitgefangenen zugehen zu können, ihnen Bruder zu sein und sie so, wie sie nun mal waren, zu akzeptieren.

In der Folgezeit begleitete Bruder Severin meine weitere Entwicklung mit seinen regelmäßigen Besuchen. Wir sprachen über alles, was mich bewegte. Auch versorgte er mich mit Literatur, die mir zu einer großen Hilfe in meiner geistlichen Entwicklung wurde. Durch Henri Nouwen war ich auf Thomas Merton aufmerksam geworden, einen Trappistenmönch, der durch seine Bücher weltweit bekannt wurde. Bruder Severin brachte mir einige seiner Bücher mit, von denen ich mich sehr angesprochen fühlte. In „Der Berg der sieben Stufen" beschreibt Merton seinen Weg, der nach Überwindung vieler Hindernisse 1939 zur Konversion und dann ins Kloster Gethsemani in Kentucky, USA, führte. Es war beeindruckend, wie konsequent er seinen Weg ging, nachdem ihm deutlich geworden war, daß Gott ihn gerufen hatte.

Besonders fühlte ich mich von der schlichten, ungekünstelten, nicht von süßer Frömmelei geprägten Ausdrucksform angesprochen. Mertons Schilderung bestärkte mich in meinem Entschluß, ein Leben im Kloster anzustreben. Die Bücher „Keiner ist eine Insel" und „Das Zeichen des Jonas" untermauerten meine Überzeugung, daß ein Leben unter Gottes Führung, eine bedingungslose Unterordnung in freiwilliger und freudiger Bereitschaft, Sinn und Ziel meines neuen Weges werden könnte. Wiederholte Erfahrungen bestätigten mir immer wieder, daß man auf Gott bauen und vertrauen kann, daß man in der konsequenten Hinwendung zu Gott die Kraft findet, auch das Negative gelassen als Gottes Wille zu akzeptieren. Meine Eindrücke, Gedanken und Vorstellungen zu dem, was Thomas Merton geschrieben hat, waren über einen längeren Zeitraum Thema unserer Gespräche. Hinzu kam der Umstand, daß unsere Begegnungen immer herzlicher und von brüderlicher Freude geprägt wurden; wir kamen uns immer näher.

Ein weiteres Buch, das mich besonders beeindruckt hat und zu einer echten Lebenshilfe wurde, waren Lebensbeschreibung und Schriften des Starez Siluan, eines Mönches, der auf dem Berg Athos in Griechenland gelebt hat. Er wurde 1866 als Sohn eines russischen Bauers geboren und trat nach seinem Militärdienst 1892 ins Panteleimonkloster auf dem Berg Athos ein. In tiefgläubiger Überzeugung und unablässiger asketischer Übung entwickelte er sich zu einer charismatischen Persönlichkeit, strebte nie ein besonderes Amt an und lebte unter seinen Brüdern ein einfaches, von schwerer Arbeit und mystischer Erfahrung geprägtes Leben. Er starb im Jahre 1938.

Archimandrit Sophronius, ein Schüler Siluans, schildert sein Leben – soweit er darin Einblick hatte –, seine Lehren und kommentiert die wenigen Schriften, die der Starez hinterlassen hat (Starez Siluan – Mönch vom Berg Athos. Band 1: Sein Leben und seine Lehre, Düsseldorf

1980; Band 2: Die Schriften, 2. Auflage, Düsseldorf 1981). Ohne philosophische und theologische Ausbildung wurde Siluan dennoch zu einem Meister geistlichen Lebens, der in seinem weitgehend unbekannten Dasein in der Gewißheit lebte, Gott nahe sein zu dürfen. Starez Siluan, von der orthodoxen Kirche vor wenigen Jahren kanonisiert, hat einzig durch sein Leben, durch seine spirituellen und mystischen Erfahrungen überzeugt und wurde für viele Vorbild und Meister. Bedeutend und beeindruckend für mich war, das Leben eines heiligmäßig lebenden Menschen unserer Zeit kennenzulernen.

Nachdem er sich als junger Mann für das Leben im Kloster entschieden hatte, geriet er alsbald in Zweifel, ob seine Entscheidung richtig gewesen sei. Voller Inbrunst betete er zu Gott, er möge ihm seine Sünden verzeihen. Eines Tages, beim Abendgottesdienst, betete er vor der Ikone des Heilands, indem er auf das Bild schaute: „Herr Jesus Christus, erbarme dich über mich Sünder." Bei diesen Worten erblickte er an der Stelle der Ikone den lebendigen Herrn, und die Gnade des Heiligen Geistes erfüllte seine Seele und seinen Leib. Im Heiligen Geist erkannte er, daß Jesus Christus Gott ist, und es erfaßte ihn der Wunsch, für Christus zu leiden. Von dieser Zeit an brannte seine Seele in der Liebe zu Gott, und nichts Irdisches erfreute ihn mehr. Der Umstand, daß er trotzdem von Dämonen heimgesucht und gequält wurde, beunruhigte und verwirrte den jungen Mönch zunehmend, und er suchte Rat bei einem Starzen. Seine Unterredung schloß dieser mit den Worten unverhohlenen Staunens: „Wenn du jetzt schon so bist, wie wirst du erst im Alter sein!" Diese verhängnisvolle Bemerkung trieb den jungen und unerfahrenen Mönch in noch tiefere seelische Verwirrung. Lange Zeit war er den Versuchungen unzähliger Dämonen ausgesetzt. Fünfzehn Jahre dauerte dieser Kampf, bis die Stimme Gottes ihm einen Weg zeigte. „Halte dich mit Bewußtsein in der Hölle und verzweifle nicht", lautete der Rat des Herrn.

Siluan wurde ein von tiefer Demut getragener Mönch. Neid oder Geringschätzung war im fremd. Er spottete nicht und führte keine doppeldeutigen Reden. Wegen seiner Zurückhaltung wurde er von vielen Mitbrüdern als Ratgeber geschätzt. In seiner einfachen Denkweise brachte er die Dinge auf den Punkt und überzeugte durch sein spirituelles Leben. Er betete ohne Unterlaß und paßte sein Leben den jeweiligen Lebensumständen an. Den größten Teil der Nacht verbrachte er betend auf einem Schemel sitzend oder auf den Knien. Die Nacht-stunde war ihm wichtig, weil er sich dann ungestört fühlte, da alles ruhig war. Immer strebte er das reine Ge-bet an, von dem er sagte, daß es im Geist der Rührung dargebracht wird, wenn Herz und Verstand voll Liebe und Demut und ohne Ablenkung im Gebet aufgehen. Ein solches Gebet ist eine Gnade Gottes, die nicht durch menschliche Anstrengungen erworben werden kann. Es ist die Kraft Gottes, die den Menschen in unmerklicher Liebe und unbeschreiblicher Sanftmut erhebt, ihn mit göttlichem Licht umhüllt und durchdringt.

Sein ganzes Bestreben war darauf ausgerichtet, die Menschen zu lieben. Gott als Inbegriff der Liebe fordert dies vom Menschen und läßt diesen in seiner Freiheit nicht nur das Gute, sondern auch das Böse tun. Nie-mand kann der Entfaltung des Bösen Einhalt gebieten, sagte Starez Siluan, allein das Gebet der Liebe ist stark ge-nug, das Ausmaß des Bösen einzudämmen. So betete er über Jahrzehnte unter Tränen für die ganze Welt, denn darin besteht die hauptsächliche Aufgabe des Mönch-tums, argumentierte er. Auf unfaßliche Weise wurde dem Starez die Gnade des Wissens zuteil, daß die Welt von Gott erhalten wird, solange in ihr eine solche Liebe und solches Gebet ist. Wäre die Welt gänzlich ohne sie, würde sie verzehrt vom Feuer des Haders und der Zwietracht. Er war der Überzeugung, daß das Böse allein durch das Gute besiegt wird.

In dem Wenigen, was Starez Siluan geschrieben hat, heißt es zu Beginn: „Ich bin alt und bereite mich auf das Sterben vor, ich schreibe die Wahrheit um der Menschen willen." Was er schreibt, zeigt, wie tief seine Liebe zu den Menschen und zu Gott war und daß er jede erdenkliche Mühe auf sich nahm, um durch sein Gebet zu dienen. Wegen seiner Liebe und Demut verurteilte er niemanden. Der Herr liebt uns, pflegte er zu sagen, darum brauchen wir nichts zu fürchten, nichts, nur die Sünde.

Klar und eindeutig ist die Botschaft, die er vorgelebt hat. Die Schlichtheit seines Lebens, das geprägt war von dem Bestreben, Gott und den Menschen zu dienen, Nächstenliebe in unvergleichlicher Konsequenz zu praktizieren und sich selbst ganz an den Schluß zu stellen, macht deutlich, was das Evangelium von uns fordert. Starez Siluan ist, wie so viele andere Heilige unserer Zeit, Beispiel dafür, daß es auch heute noch Menschen gibt, die in aller Ernsthaftigkeit und in einer völligen Selbstaufgabe Gott dienen und für die Menschheit beten.

In diesem Zusammenhang erzählt Archimandrit Sophronius eine beeindruckende Begebenheit. Mit einem Mönch, der als Einsiedler an einem einsamen Ort lebte, kamen sie eines Tages ins Gespräch. Er war wohl an die siebzig Jahre alt, sein Gesicht voller Runzeln und verhärmt, Bart und Haare grau und ungepflegt. Er erzählte folgendes:

Schon viele Jahre leide seine Seele, wenn er an die

Christi Auferstehung

In einem strahlend weißen Gewand, steht der aufer-
standene Christus auf zwei gekreuzten Brettern, sym-
bolisches Zeichen der zerbrochenen und überwunde-
nen Hadespforte. Seine Rechte hat die ihm entgegenge-
streckte Hand des Adam ergriffen, um ihn der Macht
des Totenreiches zu entreißen. Dieser Szene gegenüber
hält Eva ihre verhüllten Hände – ein Zeichen besonde-
rer Ehrfurcht – Christus entgegen.

Die Könige David und Salomo, Johannes der Täufer,
Mose und weitere Gestalten des Alten Testaments har-
ren ebenfalls der Erlösung.

Christus, umgeben von einer weiß-blauen Aureole, aus
deren dunklem Inneren goldene Strahlen hervorbre-
chen, hat durch sein Heilswerk die Macht des Todes be-
siegt und die Menschheit aus den Fesseln des Totenrei-
ches erlöst.

Gemalt im September 1993

СОШЕ́СТВІЕ ВО А́ДЪ ГДА НА́ШЕГѠ ЇИСА ХРТА̀

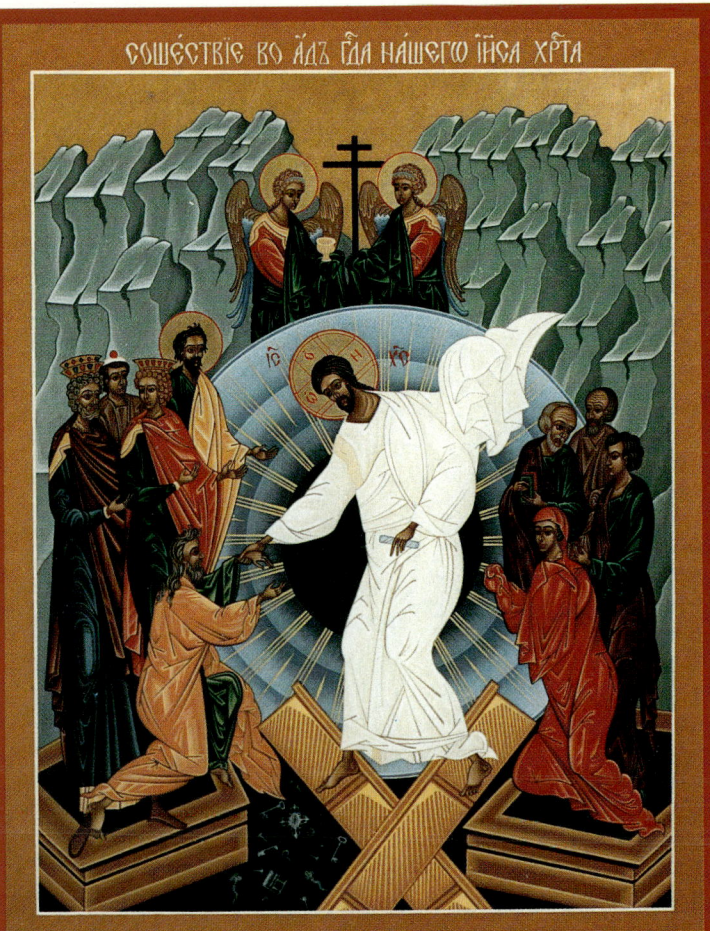

ВОЗНЕСЕ́НІЕ ГДА НА́ШЕГѠ ІИ̃СА ХР̃ТА̀

Christi Himmelfahrt

Als schlanke Gestalt hebt sich im Vordergrund die Gottesmutter vor den weißgekleideten Engeln im Hintergrund besonders hervor. Gelöst von der Gruppe der Jünger und doch in ihrer Mitte, symbolisiert sie in ihrer Menschlichkeit die Mutter Kirche. Als einzige dem Betrachter zugewandt, verweist sie auf den Zusammenhang zwischen Himmelfahrt und Pfingsten, Sinnbild für das geistige Erbe, welches der zum Himmel auffahrende Christus der Kirche hinterläßt.

Die Apostel, teils fassungslos auf Maria blickend, teils staunend und gestikulierend, schauen dem in einer weiß-blauen Aureole sitzenden Christus nach. Vom göttlichen Licht umgeben, wird dieser von zwei Engeln zum Himmel getragen, wo er zur Rechten seines Vaters sitzen wird.

Gemalt im Juni 1993

Mönche denke. Sie haben der Welt entsagt, Eltern und Vaterland verlassen und gelobt, nach dem Gesetz Christi zu leben und trotzdem keine Fortschritte im Gebet gemacht. Die Menschen leben nach wie vor in Leidenschaft, Unwissenheit, Nachlässigkeit und ohne Reue. Er hat für die Welt gebetet und geweint. Was wird mit den Menschen, die in der Welt leben, geschehen, wenn schon wir Mönche uns nicht retten können, hat er sich oft gefragt. Eines Nachts lag er verzweifelt und müde vom Weinen mit dem Gesicht zur Erde am Boden, als ihm der Herr erschien und fragte:

„Warum weinst du?" Er verstummte, hob aber den Kopf nicht, um Christus zu sehen. „Weißt du nicht, daß ich es bin, der die Welt richtet?" Er schwieg noch immer und bewegte sich nicht. Der Herr sagte:

„Ich werde mich eines jeden Menschen erbarmen, der, sei es auch nur ein einziges Mal in seinem Leben, Gott angerufen hat." Ein Gedanke tauchte in mir auf: Wozu quälen wir uns dann jeden Tag so sehr? Der Herr erwiderte auf diesen Gedanken: „Wer um meiner Gebote willen leidet, der wird mein Freund sein im Himmelreich; der anderen aber werde ich mich erbarmen." Nach diesen Worten entschwand der Herr. Er war, so betonte der Einsiedler, völlig wach, als er diese Vision hatte.

Was für große Hoffnung liegt in dieser Begebenheit, die der alte Einsiedler erzählt hat. Mich hat diese Geschichte tief beeindruckt und überzeugt; wir dürfen hoffen, vom Herrn wegen unseres sündhaften Lebens nicht verdammt zu werden, auch wenn unser Beten noch so unvollkommen ist. Gottes unbegreifliche Güte wird durch das Erlebnis des Einsiedlers in einer Deutlichkeit sichtbar, die alle Gedanken der Zweifel hinwegfegt. Gott erbarmt sich aller Menschen! Welch ein Trost, welche Zuversicht wird hier offenkundig für uns alle, die wir uns an das derzeitige Leben so sehr klammern, die wir meinen, nur hier und jetzt zu leben. Natürlich leben wir jetzt, jeder an dem ihm zugewiesenen Platz, und das ist gut so. Aber gleichgültig wo wir leben, es ist die Vorstufe zu einer unauslöschlichen Existenz in Gottes Nähe.

„Heiliger Vater Siluan, bitte bei Gott für uns", heißt es am Schluß des Buches, und diesen Worten stimmte ich mit ganzem Herzen zu.

Im Verlauf der Zeit bekam ich weiteren Zugang zu geistlicher Literatur. Die Erfahrungen von Bruder Severin und die Gespräche mit ihm förderten meine religiöse Entwicklung. Ein weiteres bemerkenswertes Buch, das ich ebenfalls mehrfach gelesen habe, enthielt ausgewählte Texte über das immerwährende Herzensgebet. Gebet ist ein Erheben von Herz und Sinn zu Gott, immerwährendes Gebet ein immerwährendes Hinwenden von Verstand und Herz zu ihm, wie Theophan der Eremit gesagt hat. Das Buch enthielt Abschnitte aus der berühmten Philokalie, einer umfangreichen Sammlung von Texten über das Gebet und das geistliche Leben. Vor allem kam es immer wieder auf das Jesusgebet zu sprechen. Es ist ein Leitfaden für den suchenden Beter. Trotz unserer menschlichen Schwächen, denen alle, auch die großen Heiligen, unterliegen, ja gerade wegen dieser Schwächen ist es möglich, Zugang zum echten Gebet und so zu Gott zu finden.

In unseren Gesprächen ging es immer wieder auch um meine Absicht, nach meiner Entlassung in ein Kloster einzutreten. Mit einer gewissen Zurückhaltung verwies Bruder Severin darauf, daß ich mich nicht der Illusion hingeben dürfe, im Kloster ideale Lebensbedingungen vorzufinden. Das Leben hinter Klostermauern sei nicht immer einfach, es sei vor allem kein problemloses Leben. Im Gegenteil, die Welt mit ihren vielfältigen Problemen finde sich auch hinter Klostermauern wieder. Menschliche Schwächen jeglicher Art werden sichtbar und fordern ihren Tribut. Es bedarf schon einer eingehenden Prüfung, bevor man sich zu einem solchen Schritt entschließen sollte, betonte er immer wieder. Dies lag auch in meiner Absicht, und so setzte ich mir eine Frist von fünf Jahren, bevor ich eine weitere Entscheidung treffen wollte. Wenn ich nach dieser Zeit immer noch der festen Überzeugung sein sollte, daß es für mich der richtige Weg sei, würde ich mich um entsprechende Kontakte ernsthaft bemühen. Dafür sagte mir Bruder Severin seine Hilfe zu.

Auch auf meinem Weg zum Ikonenmaler wurde Bruder Severin zu einer großen Hilfe. Er unterstützte mich in finanzieller Hinsicht, besorgte Arbeitsmaterial und beschaffte ganz spezielle Bücher. So kam ich an Bildbände, die mir das Studieren der Techniken an alten Ikonen ermöglichten und gute Arbeitsvorlagen boten. Solche Bücher waren für meine finanziellen Verhältnisse unerschwinglich, und so war ich glücklich, an die für mich äußerst wertvollen Bildbände heranzukommen. Ikonen der letzten beiden Jahrhunderte scheiden in der Regel als Vorlagen aus, weil sie zu stark vom sogenannten Urbild abweichen. Zeitgenössische Strömungen in der Malerei haben ihre Spuren hinterlassen und den ursprünglichen Stil zum Teil stark verändert. Will man in der alten Tradition malen, muß man sich ausschließlich an Reproduktionen alter Ikonen orientieren. Je genauer sie in der Wiedergabe von Details sind, desto besser. Dank der Hilfsbereitschaft von Bruder Severin kam ich auch hier entscheidende Schritte weiter.

Enttäuschung und Begeisterung

Durch den Pfarrer erfuhr ich, daß im Schnütgen-Museum in Köln eine Ikonenausstellung stattfand. Die Ikonen stammten aus rheinischem Privatbesitz. Hier bot sich eine vielleicht einmalige Gelegenheit, Ikonen, die sonst der Öffentlichkeit nicht zugänglich sind, betrachten zu können. Deshalb stellte ich den Antrag, diese Ausstellung besuchen zu dürfen. Der Psychologe, mit dem ich darüber sprach, unterstützte mein Ansinnen. Der Sozialarbeiter des Sozialdienstes Katholischer Männer, Köln, besorgte mir den Ausstellungskatalog, so daß ich mich schon vorher informieren konnte. Im Gegensatz zum Ikonenmuseum in Recklinghausen, wo teils recht große Ikonen ausgestellt sind, wurden im Schnütgen-Museum ausschließlich kleinere Ikonen gezeigt, wie sie für den Gebrauch zu Hause oder auf Reisen üblich sind. Interessant war für mich auch, daß zu einzelnen Motiven mehrere Ikonen von verschiedenen Malern und Epochen aus der Zeit vom 15. bis 19. Jahrhundert gezeigt wurden.

Der Antrag wurde genehmigt, und so fuhr ich in Begleitung nach Köln. Mein erster Weg führte zum Kölner Dom, wo es mich in eine ganz bestimmte Ecke hinzog. Der Dom war mir aus meiner früheren beruflichen Tätigkeit gut bekannt. Damals war es für mich ein nüchternes Bauwerk, zu dem ich keinerlei religiöse Beziehung hatte. Jetzt zog es mich als Christ in den Dom, den ich nun mit einer völlig anderen Einstellung betrat. Wie ganz anders wirkte das mir so bekannte Bauwerk nun auf mich! Seine unfaßbare Größe beeindruckte mich und erzeugte ein Gefühl der Unscheinbarkeit und Hilflosigkeit. Zum ersten Mal nahm ich den Dom als Haus Gottes wahr, geprägt vom Gottesdienst und Glauben, durchdrungen und gesättigt von vieltausendfachem Gebet. Es ging mir jedoch nicht um eine Besichtigung des Doms, sondern mein Besuch galt einem ganz bestimmten Ort, an dem ich früher achtlos vorübergegangen bin. Mein Ziel war das Gnadenbild der Gottesmutter, vor dem unzählige Menschen verweilen, ihre Sorgen und Nöte zum Ausdruck bringen, sich Rat und Kraft holen und Kerzen anzünden. Ich hatte keine Sorgen, keine Probleme, die mich zum Gnadenbild der Gottesmutter hingetrieben hätten. Ich wollte ihr an diesem ganz besonderen Ort danken, denn ich war überzeugt, daß ihre Fürsprache ganz wesentlich zu meiner Entwicklung, zu meinem neuen Leben und zur Verbesserung meiner ganzen Situation beigetragen hat.

Vor dem Gnadenbild stehend, habe ich der Gottesmutter und Jungfrau Maria gedankt, ich, der Sünder, der wahrlich nicht verdient hat, so viel Gutes erleben zu dürfen. Es war mir ein ganz besonderes Bedürfnis, dieses Gefühl der Dankbarkeit an diesem Ort zum Ausdruck zu bringen und zu geloben, wenn es mich in die Nähe des Domes verschlägt, ihrem Gnadenbild einen Besuch abzustatten und für kurze Zeit davor zu verweilen.

Anschließend informierte ich mich in einer nahegelegenen großen Buchhandlung über die aktuelle Ikonenliteratur und schaute mir die zum Kauf angebotenen zeitgenössischen Ikonen an. Ich wußte, daß in diesem Geschäft Ikonen eines Kölner Ikonenmalers ausgestellt waren und war neugierig, Techniken und Stil eines Meisters unserer Zeit studieren zu können. Was jedoch an den Wänden und Säulen hing, enttäuschte mich. Es entsprach überhaupt nicht meinen Vorstellungen über die traditionelle Ikonenmalerei.

Schon Wochen vorher hatte ein Bediensteter der Vollzugsanstalt, der großes Interesse an meiner Malerei zeigte, eine Ikone mitgebracht, die er von einem Kölner Ikonenmaler erworben hatte. Erstmals bekam ich damit eine zeitgenössische Ikone zu Gesicht, war aber über das Ergebnis mehr als enttäuscht. Der Maler war recht bekannt, und ich hegte schon die Hoffnung, ihn als Lehrer gewinnen zu können. Der Ikone war deutlich anzusehen, daß sie oberflächlich und schnell hingemalt war, grob in der ganzen Technik, mit deutlich sichtbarer Pinselführung, was bei kleinformatigen Ikonen eigentlich nicht üblich ist. Typisch künstlerische Eigenwilligkeiten kennzeichneten die Arbeit, die für mein handwerkliches Verständnis manches zu wünschen ließ. Ich war von dem, was ich sah, so verunsichert, daß ich das Bild mehreren Leuten zeigte, die mich in meiner Einschätzung jedoch bestätigten. So wollte ich keine Ikonen malen!

Was ich nun in der Buchhandlung vor mir sah, erinnerte stilistisch sehr stark an jene Arbeit. Solche Bilder bezeichnet man zwar auch als Ikonen, doch werden sie für mein Verständnis diesem Begriff nicht gerecht. Rein kommerziell produziert, fehlt ihnen jene besondere Ausstrahlung, wie sie Ikonen zu eigen ist, die in geistiger Sammlung gemalt werden. Was zu sehen war, sagte mir nichts.

Ganz anders die Ikonen im Schnütgen-Museum, der früheren Kirche St. Cäcilien. Deutlicher konnte der Kontrast gar nicht ausfallen. In der Buchhandlung Bilder, wie sie dem Geschmack eines Malers unserer Zeit entsprachen, und nun solche, die in traditioneller Weise vor langer Zeit gemalt worden waren. Von diesen Ikonen war ich hellauf begeistert. Obwohl Präsentation und Lichtverhältnisse nicht immer ideal waren, empfing ich eine Fülle von Eindrücken über Malstile und -techniken. Vor allem fand ich die Bestätigung, daß ich mit meinem Bestreben auf dem richtigen Weg war, aber auch, daß es noch viele Dinge gab, die ich lernen mußte.

Unvergleichlich zart und filigran gemalte Motive machten deutlich, was mir in der Literatur wiederholt begegnet war: Die alten Meister haben ihr außerordentliches Können mit ins Grab genommen; das Wissen um bestimmte Techniken ist mit den Meistern verlorengegangen. Man weiß heute, zumindest in Teilbereichen, einfach nicht, wie sie ihre Werke geschaffen haben. Auch für mich war beim besten Willen nicht nachvollziehbar und auch nicht im Ansatz erklärbar, wie diese begnadeten Maler ihrer Zeit solche außergewöhnlichen Ikonen gemalt haben – was freilich bei mir, einem Anfänger, nichts heißen will.

Besonders interessant war für mich, verschiedenartige Ausführungen des gleichen Motivs studieren zu können, ebenso die Wirkung der wechselnden farblichen Gestaltung, die Untergründe, soweit sie sichtbar wurden, und rein handwerkliche Fertigkeiten an den Holztafeln. Dabei fiel mir auf, daß die Ränder vieler Tafeln nicht bearbeitet waren. Überwiegend waren sie lediglich mit Farbe übermalt, oder gar in ihrem Urzustand belassen worden. Da viele Ikonen in Glasvitrinen präsentiert wurden, war vereinzelt auch die Rückseite einsehbar. In etlichen Fällen waren die Querhölzer, die als Stabilisatoren gedacht waren, entfernt worden, vermutlich nach Hinweisen wissenschaftlicher Untersuchungen, daß diese Art der Stabilisierung eher schädigend als nutzbringend ist. Mit einer Fülle neuer Eindrücke und bestärkt in meiner Einschätzung und Arbeitsweise traten wir die Heimfahrt an.

Von den Erkenntnissen der Kölner Ikonenausstellung inspiriert und motiviert, stürzte ich mich aufs neue in die Arbeit. Es entstanden zwei schmale, längliche Ikonen der Apostel Petrus und Paulus. Als sie fertig waren, hatte sich sichtlich etwas geändert. Die farbliche Gestaltung, die Malerei als solche, wirkte in sich sicherer und überzeugender. Für die Aufhellung der Gewänder hatte ich erstmals nicht mehr ausschließlich weiße Farbe verwendet, sondern andere Farben. Das Ergebnis war ein neues, lebendigeres Bildgeschehen. Fehlte mir bei den bisher gemalten Ikonen der Mut, neue Farben ins Spiel zu bringen, ließ mich nun ein wachsendes Selbstvertrauen diese Schranke überwinden. In meiner Malerei war ein qualitativer Sprung unverkennbar geworden.

In dieser Phase entstand nun auch ein persönlicheres Verhältnis zu meinen Bildern. Ich merkte, daß sie mir etwas bedeuteten und daß ich mich nicht mehr so ohne weiteres von ihnen trennen wollte. Was ich bisher gemalt hatte, diente überwiegend als Geschenk für Menschen, die mir in irgendeiner Weise nahestanden, denen ich damit eine Freude machen konnte. Dabei war es mir stets relativ leicht gefallen, mich von ihnen zu trennen. Dies änderte sich nun, so daß ich nicht mehr so freigebig die fertigen Ikonen weggab. Sie wuchsen mir nun regelrecht ans Herz.

Der Gedanke, mit den Ikonen in Form einer Ausstellung an die Öffentlichkeit zu gehen, nahm nun erstmals konkret Gestalt an. Ich begann, ganz gezielt darauf hinzuarbeiten und zu planen. Mir war bewußt, daß sich dies nicht in kurzer Zeit realisieren ließ, daß es Jahre der Arbeit bedeuten würde. Aber es war eine Aufgabe und ein

Ziel, etwas, was mich fordern würde. Auf einmal war ich voller Tatendrang und Zuversicht, erstellte eine Liste der geplanten Arbeiten, suchte entsprechende Motive aus, die meines Erachtens erforderlich waren, und legte die Maße fest.

Mit einer eigenen Ausstellung könnte man empfänglichen Menschen die Schönheit dieser Bilder, ihre besondere Ausstrahlung und ihre Botschaft verdeutlichen sowie Interesse wecken für eine Maltradition, die bis in die Anfänge des Christentums zurückgeht. Dann aber wäre eine solche Ausstellung auch ein Beweis dafür, daß in einem Gefängnis auch etwas Gutes entstehen kann. Die Vollzugsanstalt hatte in der Vergangenheit wiederholt durch negative Schlagzeilen auf sich aufmerksam gemacht. Daß dem nicht immer so sein muß, wäre auch eine Botschaft der Ikonen. Straftäter können sich ändern, ein Wandel ist möglich, der Verurteilte muß nicht Zeit seines Lebens als Verbrecher abgestempelt sein. Solche und ähnliche Gesichtspunkte leiteten mich, Ikonen zum Vorzeigen und Ausstellen zu malen.

Zunehmend wurden die Bilder besser. Der Umgang mit Farben und sonstigen Materialien gestaltete sich einfacher. Der Kreidegrund bereitete nicht mehr die früher so frustrierenden Schwierigkeiten. Auch die Flächenvergoldung gelang inzwischen ganz gut, doch der Bereich der Chrysographie – der feinen Goldmalerei – und der Polimentvergoldung blieb mir weiterhin verschlossen. So verzichtete ich auf die Anwendung dieser Techniken und benützte für die Verschönerung der Gewänder statt Gold eine helle Ockerfarbe. Es war wiederum nicht einfach, diese Grenze zu akzeptieren, hinzunehmen, daß es Arbeitstechniken gibt, die alleine nicht zu erlernen sind. Was darüber in der Fachliteratur zu finden ist, reicht nicht aus, um ein für mich akzeptables Ergebnis zu erreichen. Immer wieder habe ich mich mit der ganz speziellen Technik der Goldmalerei auseinandergesetzt und bin immer wieder gescheitert. „Verlaß dich auf den Herrn von ganzem Herzen, und verlaß dich nicht auf deinen Verstand!" Der Spruch, in Augenhöhe an meinem Arbeitsplatz, war oft mein einziger Trost.

Es wurde immer deutlicher, welch schwieriges Handwerk ich mir ausgesucht hatte. Nun verstand ich auch, was der Maler Erich Zimmerriemer meinte, der ganz am Anfang meiner Entwicklung sagte, daß die Ikonenmalerei mit die schwierigste Form der Malerei sei. Aber diese Malerei hatte mich inzwischen gepackt und wurde zu einem Teil meines Lebens. Das Malen der Ikonen wurde mir so wichtig wie das tägliche Brot. In meiner besonderen Situation wurde die Malerei zum tragenden Inhalt meines Lebens. Dazu trug auch bei, daß die Bilder immer besser wurden, ich erfuhr von allen Seiten Zuspruch und Anerkennung. Die Zeit verging. Nach und nach verschönerten Ikonen die Wände meiner Zelle. Der Raum verlor damit auch optisch seine ursprüngliche Bedeutung, er wurde Werkstatt, Bet-, Schlaf- und Lebensraum in einem.

Nach Ablauf einer festgelegten Wartefrist fuhr ich wieder nach Recklinghausen ins Ikonenmusuem. Bruder Severin begleitete mich. Es war etwas besonders Schönes, einen vertrauten Menschen an meiner Seite zu wissen, der mir gleichzeitig Ratgeber und Freund war.

Hatte mich der erste Besuch im Ikonenmuseum wegen der Vielfalt der Eindrücke überfordert, ging ich nun mit ganz konkreten Vorstellungen ins Museum, was ich mir genauer ansehen wollte. Obwohl mir bekannt war, was auf mich zukam, überwältigte mich wiederum der Anblick der Ikonen. Es geht eine nicht zu beschreibende Faszination von diesen Bildern aus. Die großen Abmessungen einiger Ikonen, die liturgischen Zwecken gedient haben mögen oder Teil einer Ikonostase waren, taten ihr Übriges dazu. In Ruhe und ganz gezielt ging ich daran, bestimmte Details zu studieren, Maltechnik, Farbgestaltung und Art der Vergoldung zu ergründen sowie Vergleiche zu der von mir praktizierten Arbeitsweise zu ziehen.

Die Überlegung, daß viele dieser Ikonen von dazu autorisierten Künstlern frei geschaffen worden waren, ließ erahnen, welch begnadete Meister hier am Werk gewesen waren. Ob es nun die großen Tafeln mit einer bestimmten Szene oder einer Vielzahl von Szenen waren oder die gebräuchlichen Hausikonen im kleineren Format, es war unverkennbar, daß auf Tradition und Erfahrung beruhende Arbeitstechniken in höchster Vollendung zu diesen außergewöhnlichen Ergebnissen geführt haben. Möglichst sachlich und die immer wieder aufkommende Begeisterung dämpfend, bemühte ich mich, die neuen Eindrücke zu verarbeiten. Doch es fiel schwer, bei der meisterlichen Maltechnik einzelner Ikonen gelassen zur Kenntnis zu nehmen, was die Augen sahen. Es ist mir nach wie vor ein Rätsel, wie solch kleine und exakte Szenen, wie sie auf einigen Ikonen zu sehen sind, gemalt wurden.

Im Bereich der allgemeinen Malerei ist es keine Seltenheit, miniaturhafte Bilder von höchster Qualität zu finden. Viele Künstler haben sich darauf spezialisiert, mit Lupe und ganz feinen Pinseln unvergleichliche Kunstwerke zu schaffen. Die Technik der feinen Temperamalerei, wie sie in der Ikonenmalerei praktiziert wird, kann man nicht mit der Öl- bzw. Acrylmalerei vergleichen. Da die Temperafarbe nicht pastos und somit nicht deckend vermalt wird, bedarf es immer mehrerer Farbschichten, bis diese deckend wirken. Darin liegt die besondere

Eigenheit dieser Malerei. Da ich inzwischen über einige Erfahrung auf diesem Sektor verfügte, war es auch möglich, die besondere Problematik der miniaturhaften Malerei zu beurteilen. Immer stand ich staunend vor den unglaublich exakt gemalten Ikonen, erfüllt von Ehrfurcht vor dem Können solch begnadeter Maler.

Zwar wuchs meine Überzeugung, mit meinem Bestreben auf dem richtigen Weg zu sein, aber genau so klar wurde deutlich, daß es noch viel zu lernen gab. Ich war noch sehr weit davon entfernt, ein guter Ikonenmaler zu sein. So kam es mir auch nicht in den Sinn, mich als Ikonenmaler zu bezeichnen. Selbstkritisch hatte ich mir hohe Maßstäbe gesetzt, wollte mich mit einfachen Ergebnissen nicht zufrieden geben. Was ich anstrebte, sollte der Ehre Gottes dienen; hierfür konnte nichts gut genug sein. Die lobenden Beurteilungen von allen Seiten taten mir zwar gut und bestärkten mich, selbst stand ich jedoch meiner Arbeit sehr kritisch gegenüber. Was ich im Museum sah, unterstrich diese Einstellung.

Dank der Begleitung von Bruder Severin stand ich nicht allein vor den Bildern. Es kam zu einem fruchtbaren Austausch unserer Gedanken und unterschiedlichen Betrachtungsweisen. Als Mönch hatte er eine besondere Sensibilität für die Ikonen und ihre Botschaft, die im Grunde jeden Christen anspricht. Es war für mich beeindruckend, seinen Interpretationen zu lauschen. Der Umstand, daß nur wenige Besucher im Museum waren, begünstigte ein ungestörtes Betrachten, so daß die Ikonen in ihrer ganzen Intensität wirken konnten.

Wieder zurück in Rheinbach, nahm ich eine Arbeit in Angriff, an die ich schon längere Zeit gedacht hatte, doch zu der mir bisher einfach der Mut fehlte. Es entstand eine siebenteilige Deesis. So wird eine Reihe von Ikonen bezeichnet, die in einer bestimmten Zusammenstellung in jeder Ikonostase zu finden sind, jener Bilderwand, die im orthodoxen Gotteshaus das Kirchenschiff, in welchem sich die Gläubigen aufhalten, vom Altarraum trennt. Die Ikonostase hat in der Regel drei Pforten, durch die der Altarraum in bestimmten Phasen der Liturgie eingesehen werden kann. Sie ist nach überlieferter Tradition in mehrere Ränge eingeteilt, wovon eine die Deesis, die Fürbittreihe, ist. Christus als Pantokrator, als Weltenherrscher auf dem Thron sitzend und das Evangelium in der Hand haltend, ist Mittelpunkt der Deesis. Rechts befindet sich, ihm fürbittend zugewandt, die Gottesmutter, ferner der Erzengel Michael und der Apostel Petrus. Links Johannes der Täufer sowie der Erzengel Gabriel und der Apostel Paulus. Diese Grundform kann noch durch regionale Heilige erweitert werden, denen besondere Verehrung entgegengebracht wird.

Als die Deesis fertig geworden war, ließ sich eine deutliche Weiterentwicklung erkennen. In ihrer Gesamtform wirkte sie besonders beeindruckend; die schmalen Bildformate, auf denen die Personen ganzfigürlich dargestellt sind, verleihen dieser Ikonenreihe eine besondere Ausstrahlung, die durch ihre farbliche Harmonie noch unterstrichen wird. Es zeigte sich, daß die Verwendung einer helleren Farbe für Gesicht und Hände, wie es der Restaurator empfohlen hatte, die Ausdruckskraft der Ikonen steigerte. Mit dieser Arbeit, die mehr als zwei Monate in Anspruch nahm, vollzog sich ein nicht unwesentlicher Schritt in meiner Entwicklung. Ein Stil wurde sichtbar, der bei allen folgenden Arbeiten immer wieder erkennbar war und für mein Arbeiten prägend wurde.

Die positiven Beurteilungen stärkten mein Selbstvertrauen. Immer wieder kamen Besucher, auch von außerhalb, und waren voll des Lobes. Nicht selten spürte ich, daß Besucher sich ganz persönlich von der Botschaft der

Ikonen angesprochen fühlten, daß sie etwas mitnahmen, wenn sie gingen. So wurde deutlich, daß mein Arbeiten sinnvoll war und daß sich mein Streben der vergangenen Jahre auf ein klares Ziel zubewegte. Es war ja nicht nur die Malerei, es war mein gesamtes Leben, das von der allgemeinen Wandlung geprägt und getragen wurde. Ich wußte mich in Gottes Obhut und von der Gottesmutter beschützt. Dieses Wissen bewirkte eine regelrecht überschäumende Lebensfreude.

Vor mir lag eine Aufgabe, die mich forderte und die keinen Raum für irgendwelche Tagträumereien ließ. So waren die Tage ausgefüllt mit Arbeit, und oft reichte die Zeit nicht aus, das, was ich mir vorgenommen hatte, in die Tat umzusetzen. Mein Dasein in diesem Haus gestaltete sich sinnvoll; wiederholt wurde ich bestärkt, auf dem eingeschlagenen Weg weiterzugehen. Ich fühlte mich in meiner Haut ganz wohl. Vorbei waren die Zeiten der Niedergeschlagenheit, die Tage des Trübsinns und der Perspektivlosigkeit. Mein Gebet hatte feste Formen angenommen. Besonders in den Psalmen fand ich Kraft und Zuversicht, die mich beflügelten und in meinem Schaffen zum Ausdruck kamen.

So gelangte ich zu der Erkenntnis, daß die Jahre, die noch vor mir lagen, gute Jahre werden würden. Ja, es entwickelte sich die Überzeugung, daß es im Grunde nur zwei Orte gibt, an denen man die heiligen Bilder ganz um ihrer selbst willen malen kann, frei und ohne irgendwelche Zwänge: im Gefängnis und im Kloster! Nur hier war man von den Einflüssen der auf weltliche Bedürfnisse getrimmten Konsumgesellschaft weitgehend geschützt. Mit allem Lebensnotwendigen versorgt und zufrieden mit dem, was ich bekam, hatte ich keine Sorgen und konnte mich völlig unbeschwert der Malerei zuwenden. Da war kein Zeitdruck, bedingt durch Aufträge, die erfüllt werden müssen. Da waren auch keine finanziellen Sorgen, die mich nötigten, Ikonen zum Verkauf zu produzieren. Somit gab es auch keine Vertriebsprobleme, denn ich hatte nicht die Absicht, Ikonen zu verkaufen. So konnte ich mich mit aller erforderlichen Sorgfalt dem Malen der heiligen Bilder widmen – ein nicht zu unterschätzender Vorteil gegenüber kommerziellen Ikonenmalern.

Auch diese Erfahrung bestärkte mich in meinem Vorhaben, nicht wieder in die hektische Betriebsamkeit der „freien Welt" zurückkehren zu wollen, sondern den Weg in ein Kloster anzustreben, um dort, wenn möglich, unter ähnlichen Verhältnissen die heiligen Bilder malen zu können. Aber dies würde sicherlich nicht der einzige und auch nicht vorwiegende Grund für eine solche Entscheidung sein. In erster Linie ist es das alles beherrschende Bedürfnis der Dankbarkeit Gott gegenüber, der mein Leben verändert, aus dem Morast der Vergangenheit herausgezogen, ihm Sinn und Halt gegeben hat. Gott dienen, nur dies und nichts anderes möchte ich! Sollte es möglich sein, werde ich dann auch weiterhin Ikonen malen, aber mit der gleichen Bereitschaft bemüht sein, andere Tätigkeiten, die mir aufgetragen werden, zu erfüllen.

Es wurde meine Überzeugung, daß es nur auf dieser Basis möglich ist, hinter Klostermauern ein ausgefülltes Leben zu führen, beseelt vom Bestreben, Gott Tag für Tag zu danken.

Nach mehr als drei Jahren, die ich als Hausarbeiter beschäftigt war, ergab sich die Chance, einen anderen Job übernehmen zu können. Ich wurde Kirchenreiniger! Es gehörte nun zu meinen Pflichten, die Kirche, die als Mehrzweckraum für die unterschiedlichsten Veranstaltungen wie Kino, Theatervorstellungen, Konzerte oder

Versammlungen benutzt wurde, sauber zu halten, ebenso einige Büros und die Zentrale der Haftanstalt, der Ort, wo alle Informationen zusammenlaufen, wo koordiniert und von wo aus alles gesteuert wird. Vorteilhaft für mich war, daß ich mir die Arbeit weitgehend selbst einteilen und somit ganz anders planen konnte. Auch der persönliche Freiraum wurde größer, da ich nun ohne Beaufsichtigung arbeitete.

Vorausgegangen waren einige Monate, in denen ich als Reiniger im Verwaltungsbereich tätig war. Aber diese Arbeit, die ganz angenehm war, weil dort die im Hafthaus spürbare Atmosphäre völlig fehlt und ein freundlicher und höflicher Umgang üblich war, ließ mir nicht mehr so viel Zeit zum Malen. Dagegen hatte ich jetzt größere zusammenhängende Zeiträume zum Malen zur Verfügung. Die überwiegende Zeit des Tages konnte ich nun mit dem verbringen, was mir wichtig war. Die Malerei prägte den Tag. Was ich tat, was ich dachte, was ich empfand, in irgendeiner Form betraf es die Ikonen. „Ora et labora – Bete und arbeite" wurde zu einem Kreislauf, der meinen Tag umschloß, ihn trug und prägte. Es entwickelte sich ein Lebensraum, der den Gefängnisalltag weitgehend verdrängte und ihm die eigentliche Bedeutung, eingesperrt zu sein, nahm.

Es war keine Flucht, kein bewußtes Abtauchen, kein Sichverstecken vor der harten Alltagsrealität. Nein, all dies verlor einfach seine Bedeutung, der Zustand ergab sich von alleine. Es war ein Geschenk! Ich, der ich schuldig geworden war, verurteilt, eingesperrt und ausgegrenzt, erfuhr nun eine bewußte wahrgenommene Freiheit. Freiheit in seiner unmittelbaren und ursprünglichen Bedeutung, denn all die Zwänge, die mein Leben bisher bestimmt, die mich beherrscht und verführt hatten, sie verloren ihre Bedeutung und die Kraft ihrer Verführung. Statt dessen wuchs die Überzeugung, erstmals etwas zu tun, worin mein Leben Sinn und Ziel fand. Gebet und Arbeit bestimmten den Tag, Freude und Zufriedenheit begleiteten ihn.

Die Vorstellung, innerhalb von Klostermauern in der Gemeinschaft von Mitbrüdern zu leben, die alle das gleiche Ziel haben, sagte mir immer mehr zu. Da war eine nicht näher definierbare Ahnung, eine innere Überzeugung, daß dort das Ziel meines Lebens liegen könnte. Es war nicht mehr nur ein spontaner Gedanke, sondern es wuchs ein Stück Gewißheit, daß Gott mir einen Weg gezeigt hat, daß sein Ruf an mich ergangen ist. Die Zukunft würde zeigen, wohin mein Weg mich führt. Noch war es zu früh, um eine endgültige Entscheidung zu treffen. Aber es galt, die neue Perspektive nicht aus den Augen zu verlieren.

Unter Mönchen

An einem schönen Frühsommertag brachte mich die nächste Ausführung ins Kloster Maria Laach. Auf Einladung von Bruder Severin, in Begleitung unseres Pfarrers und eines Bediensteten fuhren wir zu dieser alten ehrwürdigen Abtei. Bereits 1093 gegründet, seit 1892 von Benediktinermönchen aus Beuron wiederbesiedelt, liegt sie am südwestlichen Ufer des Laacher Sees. Pfalzgraf Heinrich II. gründete aus seinem Vermögen ein Hauskloster, und Mönche aus Afflighem in Brabant kamen nach Laach. So wurde das Tal am Laacher See über die Jahrhunderte zu einer Stätte des Gebets und der Arbeit. Es war nicht mein erster Besuch in einem Kloster, aber erstmals mit dem Gedanken, vielleicht selbst einmal an einem solchen Ort zu leben. So betrat ich das Kloster mit einer völlig anderen Vorgabe, sozusagen mit ausgefahrenen Antennen, neugierig und sensibel für alle Eindrücke, die nun auf mich zukommen würden.

In Bruder Severin erwartete uns ein idealer Führer. Seit mehr als vierzig Jahren lebt er an diesem Ort und hat vielfältige Veränderungen miterlebt. Viele Brüder hat er kommen und gehen sehen und viele auf ihrem letzten Weg zum Friedhof begleitet. Wir trafen ihn in seiner kleinen Werkstatt, in der er den Buchbestand der Abtei betreut und restauriert. Groß war die Freude des Wiedersehens, und entsprechend fiel die Begrüßung aus. Erstmals stand er in seinem Habit, dem Ordenskleid, vor mir.

Wir hatten in einem Vorgespräch abgeklärt, was wir in den wenigen Stunden, die uns zur Verfügung standen, sehen wollten. So ging es zunächst zu einem Mitbruder, der als Künstler religiös geprägte Bilder und Skulpturen aus Holz herstellt. Bruder Josef ist ein sehr lebhaft wirkender Mönch, mit dem ich mich über meine Malerei und deren Hintergründe unterhalten konnte. Durch Fotos waren ihm meine Arbeiten bekannt, und da er auch mit Holz arbeitet, dies in alter Tradition bemalt und sich auch mit der Ikonenmalerei beschäftigt, war ihm meine Arbeitstechnik nicht unbekannt. So entwickelte sich ein interessantes Gespräch. Ich erhielt einige gute Tips, auch Hinweise für die Oberflächenversiegelung, ein Problem, das mir nach wie vor zu schaffen machte. Ein wichtiges Thema unseres Gesprächs war, daß man als Maler einen eigenen Stil finden und entwickeln muß. Ganz wesentlich ist es, seinen Weg zu gehen und zu dem, was man macht, auch zu stehen, meinte Bruder Josef und verwies darauf, daß nur aus einer solchen Haltung die Sicherheit entstehen kann, die eine Arbeit prägen muß. Natürlich ist es ein Unterschied, ob der Künstler eigene Motive entwirft und verwirklicht oder wie in einem Fall als Ikonenmaler weitgehend an Vorbilder gebunden ist bzw. sich daran gebunden fühlt. Wichtig ist in jedem Fall, einen eigenen Weg zu beschreiten. Nur so kann man überzeugen und eine Botschaft vermitteln, von der sich Menschen unmittelbar angesprochen fühlen. Wir sprachen auch über die prägende und alles entscheidende Motivation, die sowohl seine als auch meine Arbeit kennzeichnet. Zum Abschied bekam ich eine Wachssalbe, mit der er gute Erfahrungen gemacht hatte, um damit meine Ikonen nach der Versiegelung abschließend

188

behandeln zu können, ebenso einige Karten von Arbeiten aus seiner Werkstatt. Seine figurale Malerei, Holzschnitte, Holzbildnerei und Tafelmalerei dienen der religiösen Sammlung und sind in alter Tradition gemalt, der er wieder Raum geben möchte, wie Bruder Josef in einer Schrift über seinen künstlerischen Werdegang betont.

Die Sext, die Mittagshore, stand bevor, zu der sich alle Mönche in der romanischen Abteikirche versammelten. Geleitet von Bruder Severin, gelangten wir in den Kirchenraum, der von großen Mosaiken beherrscht wird. Viele Menschen waren schon in der Kirche, als die Mönche, eine lange Reihe in schwarze Kutten gehüllter Männer, einzogen. Nach und nach kam der schweigende Zug der Mönche aus dem Klausurbereich, sie zogen zum Mittelschiff, verbeugten sich vor dem Allerheiligsten und nahmen im Chorgestühl Platz. Es war eine beeindruckende Schar alter und junger Mönche, manche grauhaarig und bärtig, andere jugendlich wirkend – Männer, die ihr Leben Gott geweiht und der Regel des heiligen Benedikt unterstellt haben. Das Bild der gemessen schreitenden Mönche strahlte Ruhe und Gelassenheit aus und wirkte in seiner Schweigsamkeit überzeugend. Die Männer waren an diesem Ort zu Hause, lebten für und mit Gott. Gebet und Arbeit war ihr Leben. Jetzt ließen sie ihre Stimme ertönen, der Klang des gregorianischen Chorals erfüllte den Raum. Und über allem thronte in der Apsis Christus als Pantokrator in seiner alles beherrschenden Größe. Sein Anblick faszinierte mich, ihm konnte ich mich nicht entziehen.

Es war für mich ein tiefes Erlebnis, mich mit den Mönchen verbunden zu fühlen und Texte zu hören, die mir bekannt waren, die ich im Herzen mitbeten, mitsingen konnte. Ich war so beeindruckt, daß ich die Zeit vergaß,

189

bis Bruder Severin uns ein Zeichen gab, damit wir vor dem Auszug der Mönche die Kirche verlassen konnten. Er führte uns zum Refektorium, wo wir die Mönche erwarteten. Das alte Gemäuer wirkte beeindruckend. Es strahlte Ruhe und Erhabenheit aus und ließ die eigene Unbedeutendheit, die kurze Spanne unseres Lebens deutlich werden. Ganze Generationen von Mönchen haben im Laufe der Jahrhunderte die Gänge durchschritten, die Bodenplatten ausgetreten, haben gebetet, gearbeitet und sicherlich auch gelitten. Schweigend kam der Zug der Mönche aus der Kirche und zog ins Refektorium ein, um das Mittagessen einzunehmen, zu dem auch wir eingeladen waren. Bruder Severin stellte uns dem Abt vor, der uns mit freundlichen Worten willkommen hieß.

Das Refektorium ist ein großer Saal mit langen Tischen und einer Art Kanzel, von der aus ein Mönch während des Essens aus einem Buch vorlas. An der Stirnseite nahmen die Klosteroberen Platz. Uns wurden Plätze mitten unter den Mönchen zugewiesen. Mitbrüder brachten das Essen, das schweigend eingenommen wurde. Zu hören war nur die Stimme des Vorlesers von der Kanzel. Manchmal lachten die Mönche, ohne daß ich den Zusammenhang verstand, der sich vielleicht auf die Lesung vom Vortag bezog. Auszüge aus der Regel des heiligen Benedikt, die ebenfalls vorgelesen wurden, waren mir sogleich bekannt. Nach dem Essen und dem Dankgebet zogen zuerst die Oberen aus, dann schlossen sich die übrigen Mönche an und verschwanden nach und nach in den dunklen Gängen.

Es wurde still. Bruder Severin führte uns durch das Kloster. Es ging durch dunkle Wandelgänge, treppauf und treppab. Wir kamen in die Bibliothek mit ihren über Stockwerke reichenden Buchreihen, einer unübersehbaren Menge alter und neuer Bücher, die sicherlich nicht zur Dekoration dienen, sondern gelesen und studiert werden. Über Gänge und Wendeltreppen, durch dunkle und vom Tageslicht hell erleuchtete Räume führte uns der Weg, bis wir schließlich wieder in die Kirche gelangten. Ein Besuch in der Krypta und der Sakristei beendete unseren Rundgang. Zu allem hatte unser Führer etwas zu sagen, gab geschichtliche Informationen, erzählte Anekdoten aus dem Klosteralltag und verwies auf außergewöhnliche bauliche Merkmale.

Ein Gang durch die Außenanlagen – vorbei an Werkstätten, über den Friedhof und schließlich verbunden mit einem Besuch der Buchhandlung, die sich außerhalb der eigentlichen Klosteranlage befindet – vermittelte einen guten Gesamteindruck über die Größe des Klosters. Dieser Ort, den die Mönche vor tausend Jahren vermutlich wegen seiner Abgeschiedenheit gewählt hatten, wird nun von ganzen Scharen neugieriger Touristen überflutet. Wie überall, wo es etwas Besonderes zu sehen gibt, drängen sie sich in Massen, rücksichtslos und ohne Respekt, auf ein besonderes Erlebnis erpicht, das fotografisch festgehalten werden kann. Hierbei war mir eher unbehaglich zumute, denn mit dem menschlichen Bedürfnis, eine geheiligte Stätte zu besuchen, hat dieser Massenandrang nichts mehr zu tun.

Die Zeit verging viel zu schnell. Es war nicht möglich, alles zu verarbeiten und in Ruhe wirken zu lassen. Mit einer Fülle von Eindrücken und Informationen verabschiedeten wir uns von Bruder Severin. Mein erster ganz bewußt erlebter Besuch in einem Kloster bestärkte meinen Wunsch, an einem solchen Ort, in einer solchen Gemeinschaft zu leben. Wie dieses Leben letztlich aussehen würde, in welchem Kloster, in welcher Ordensgemeinschaft, das spielt noch keine Rolle. Aber die Welt mit ihrer quirligen Lebendigkeit, mit ihren vielfältigen Reizen und dem ausgeprägten Konsumverhalten, diese Welt lockt mich nicht mehr. Absolut nichts zieht mich in diese sogenannte Freiheit, die alles andere als wahre Freiheit ist.

Urbilder der Liebe

Ich kehrte wieder zurück in die Welt der Haftanstalt. Sie ist vorübergehend zu meiner Welt geworden, in der ich leben muß, auch wenn es nicht immer einfach ist. Über zehn Jahre lebe ich nun schon im Gefängnis. Aber ich habe für mich einen Weg gefunden, der mein Leben verändert und meine Situation ins Gegenteil gekehrt hat. Die eigentliche Funktion dieses Hauses hat für mich seine Bedeutung verloren. Alles, was für mich einmal von Bedeutung war und woran mein Herz hing, ist bedeutungslos geworden.

Neue Werte haben ihren Platz eingenommen, haben mir die Augen für das Wesentliche des Lebens geöffnet. Es war ein langer und oftmals beschwerlicher Weg. Nicht immer ist es mir leicht gefallen, die alten Werte über Bord zu werfen. Viel Glück war dabei auf meiner Seite, geschenktes Glück; und immer waren Menschen da, die mir geholfen haben, diesen Weg zu gehen, der mich in eine neue Welt führte. Der Gedanke, daß so viel Schlimmes passieren mußte, um dies zu erkennen, bedrückt mich nach wie vor. Aber inzwischen habe ich gelernt, anzunehmen, was mir damit geschenkt worden ist. Ich betrachte es nun als einen Auftrag, der mir zugewiesen wurde und den ich zu erfüllen habe.

In meiner augenblicklichen Situation bedeutet das, mich weiterhin mit der Ikonenmalerei zu beschäftigen, zu lernen, zu arbeiten, zu beten. Mit Gottes Hilfe und der Hände Arbeit „Urbilder der Liebe" schaffen, Botschaften für Menschen, die sich davon angesprochen fühlen oder ansprechen lassen. Aber auch für meine Mitgefangenen, die mir zu Brüdern wurden, da zu sein. Ihnen bei Bedarf eine Hilfe und auch ein Zeichen sein, daß die Hinwendung zum Glauben, selbst in einer ausweglos scheinenden Situation, in jeder Beziehung eine Änderung bewirken kann. Was mir gegeben wurde, nehme ich an als Geschenk, dessen Reichtum ich vielleicht eines Tages weitergeben kann.

Nun befasse ich mich schon über fünf Jahre mit den heiligen Bildern und betrachte das Malen von Ikonen als Lebensaufgabe. Ich sehe darin auch ein Stück Verantwortung. Die ganze Entwicklung ist ja nicht etwas, was mir allein zugute kommen soll. Das Positive des Geschehens soll auch ein Zeichen sein für all die Menschen, die in einer religiös geprägten Lebensform Sinn ihres Menschseins sehen. Die Ikonen sollen als „Urbilder der Liebe" Botschaft sein, sollen für sich sprechen und ein Signal sein. In diesem Sinne trage ich Verantwortung und betrachte meine Arbeit als eine zugewiesene Aufgabe.

Noch ist es zu früh, irgendwelche Pläne zu schmieden; alles ohne Ausnahme liegt in den Händen meines Schöpfers. Orientierungshilfe ist der Spruch, der an meinem Arbeitsplatz an der Wand befestigt ist: „Verlaß dich auf den Herrn von ganzem Herzen, und verlaß dich nicht auf deinen Verstand!" Darauf vertrauend, erübrigt es sich, allzu viele Gedanken auf die Zukunft zu verschwenden, was nicht heißt, die Hände in den Schoß zu legen.

Mein beständiges Streben fand in den fertigen Ikonen Ausdruck. Die Qualität der Bilder wurde besser und erfüllte auch mich mit Freude. Es war keine Freude über eigenes Können, sondern eher ein Staunen, eine nicht zu fassende Freude, solche Bilder malen zu dürfen. War eine Ikone fertig, mußte ich bekennen, daß es die bisher beste Arbeit war. Die Jahre der Arbeit trugen nun, für jeden erkennbar, Früchte. Der Umgang mit den Farben, das Gefühl für farbliche Harmonie, alles entwickelte sich und wuchs. Bestärkt durch positive Kritiken und ein wachsendes Selbstvertrauen, griff ich zu Farben, die meiner Vorstellung entsprachen, achtete aber darauf, daß sie dem Ikonenkanon nicht widersprachen. Es entstanden Ikonen, die, in sich ausgewogen, sozusagen einen geschlossenen schwebenden Kreis bildeten, Gestalt annahmen und zum Evangelium wurden.

Die teils euphorischen Resonanzen von Besuchern verdeutlichten, daß ich auf dem richtigen Weg war. Nun waren es nicht nur Laien, die ihr Urteil abgaben, sondern auch Fachleute, die sich beruflich mit Ikonen beschäftigten. Theologen verschiedener Konfessionen, auch der orthodoxen Kirche, Christen aller Kirchen, ja sogar moslemische Gläubige fühlten sich von der Ausdruckskraft der heiligen Bilder angesprochen.

Jetzt begann ich dazu überzugehen, mich ganz bewußt auf das jeweilige Bildthema einzustimmen. Die Bibel wurde dabei zur entscheidenden Hilfe. Bevor ich mit dem Malen begann, suchte ich einen dazu passenden Bibeltext, um ihn zu lesen. Wort für Wort nahm ich den Text in mich auf und bereitete so einen inneren Raum, in welchem ich mit der Arbeit Mittelpunkt wurde. Die Bildthemen entstanden und wuchsen, getragen vom jeweiligen Bibeltext. Dies führte zu neuen Ergebnissen. Die Aussagekraft der Ikonen wurde noch lebendiger, ihre Botschaft deutlicher, überzeugender, durchbeteter.

Die heiligen Bilder entwickelten ihre eigene Dynamik, ich wurde zunehmend Werkzeug. Was ich schuf, war nur dank der Hilfe meines Schöpfers möglich. Ein annehmbares Ergebnis war nach wie vor nur dann zu erzielen, wenn sich das Malen in einer gesammelten Haltung und begleitet vom ständigen Gebet vollzog. Nun waren es nicht mehr die Bilder der Anfangszeit, wo meine Unzulänglichkeit besonders deutlich war. Die Jahre der Erfahrung machten sich bemerkbar, und doch wußte ich, daß die Ergebnisse nicht allein dieser zeitlichen Entwicklung zuzuschreiben waren. Meine Grenzen waren mir nach wie vor bewußt. Ich war noch weit von dem entfernt, was ich anstrebe und was mir vorschwebt.

Aber da gibt es auch Gedanken, die mein Handeln in Frage stellen, die darauf verweisen, daß es gar nicht so wichtig und im Grunde überhaupt nicht entscheidend ist, ob ich dieses Ziel erreiche. Ich bin mir, was mein Ziel betrifft, nicht immer sicher; doch weiß ich mit Sicherheit, daß meine Arbeit zum jetzigen Zeitpunkt richtig und – nicht nur für mich – wichtig ist. Der Kölner Weihbischof, Josef Plöger schrieb einmal dazu: „Welchen Weg Sie gehen werden, niemand kann dies jetzt schon wissen. Nur eines scheint klar: Es wird ein guter Weg sein."

Inzwischen bin ich fest davon überzeugt, denn die Entwicklung der letzten Jahre war zu einschneidend. Mir wurden die Augen für den wahren Sinn des Lebens geöffnet. Ich habe Zugang zu einer Lebensform voller Zufriedenheit und Zuversicht, voll unbeschreiblicher Freude gefunden, und das in einem Haus, wo solches eigentlich nicht üblich und nicht an der Tagesordnung ist. Ausgangspunkt dieser Entwicklung waren die Ikonen, die auch als Urbilder der Liebe bezeichnet werden. Alles, was mir damit geschenkt worden ist, ist mir zum Schatz geworden, den ich sorgsam hüten werde.

Damit aber ist auch eine Verpflichtung verbunden, die es nie zu vergessen gilt. Gefordert ist auch, soweit möglich, Wiedergutmachung für begangenes Unrecht. Die Inhaftierung ist lediglich das Ergebnis gesellschaftlicher Forderungen; dem Strafanspruch von Staat und Gesellschaft wird Genüge getan. Durch meine neue Lebensform soll deutlich werden, daß für mich das damalige Geschehen nicht erledigt ist. Nichts davon kann rückgängig gemacht werden, aber ich kann mich zu der Schuld bekennen und zeigen, daß sie eine Änderung bewirkt hat und daß ich ein Leben ständiger Sühne anstrebe.

Hinter mir liegt ein Weg, der für viele Menschen nicht nachvollziehbar ist. Er war nur möglich, weil ich mich auf Gottes Ruf eingelassen habe, der sicherlich schon öfter ergangen ist, dem ich mich jedoch verweigert habe. Es war ein weiter Weg, zu begreifen, daß Gott jeden Menschen liebt, daß Gott sich jedem Menschen zuwendet, sofern dieser sich ihm vorbehaltlos öffnet. Ich möchte meinen Weg gehen und deutlich machen, daß ich nicht mehr derjenige bin, der vor vielen Jahren zu Recht eingesperrt und verurteilt worden ist. Gott hat mich zu einem anderen Menschen werden lassen. Aus einem ungläubigen und moralisch haltlosen Menschen ist ein gläubiger Christ geworden. Darin besteht der alles entscheidende Unterschied. Hätte ich auch nur etwas von meiner heutigen Glaubensüberzeugung besessen, es wäre sicherlich nicht zu dieser Entwicklung gekommen, die mich letztlich ins Gefängnis gebracht hat.

Irgendwo begegnete mir der Satz eines Mystikers, der sagte: Um sein eigentliches Ziel zu erreichen, muß der Mensch oftmals Umwege machen. Ich habe sicherlich einen außergewöhnlichen, einen mich nach wie vor bedrückenden Umweg machen müssen, um zu erkennen, wohin mein Weg führen soll. Jetzt kann ich mich vorbehaltlos den Händen Gottes anvertrauen und bin fest davon überzeugt, daß es die einzig richtige Entscheidung meines Lebens ist.

Authentische Erfahrungsberichte

Kurt Becker
Mein Freund, der Krebs
Erfahrungen mit einer Krankheit

Wie eine tödliche Krankheit neu zu leben lehrte: der
Erlebnisbericht eines Betroffenen. Erschütternd, provozierend,
ermutigend. Ein Buch, das die Kraft hat, den Leser zu verändern.
96 Seiten, Paperback. ISBN 3-451-23308-8

Ruth Pfau
Wohin die Liebe führt
Afghanisches Abenteuer

„Heimlich baut Ruth Pfau einen Gesundheitsdienst im
afghanischen Untergrund auf: die Geschichte eines Abenteuers der
Liebe" (Publik-Forum).
208 Seiten, Paperback. ISBN 3-451-21599

Anneliese Albrecht
Denn alles Leben ist wie Gras
Wie eine Mutter Leiden und Sterben ihrer Tochter
erlebte

„Der Leser wird in den Kampf, das Annehmen und den Tod der
Tochter hineingenommen. Ein Buch, das man nicht vergißt"
(Passauer Bistumsblatt).
141 Seiten, Paperback. ISBN 3-451-21697-3

Verlag Herder

Freiburg · Basel · Wien

Authentische Erfahrungsberichte

Aglaja Beyes-Corleis
Verirrt
Mein Leben in einer radikalen Politorganisation

Sechzehn Jahre lang war Aglaja Beyes-Corleis Mitglied einer
totalitären Gruppierung. Der Weg aus der Abhängigkeit geriet zum
Kampf gegen den Wahnsinn. Eine Frau erzählt.
192 Seiten, Herder/Spektrum 4278

Aimé Duval
Warum war die Nacht so lang
Wie ich vom Alkohol loskam

Der französische Chansonnier erzählt seinen Weg. Keine
sentimentale Lebensbeichte, sondern ein offener, radikaler
Rechenschaftsbericht. „Erschütternd detailgenau beobachtet"
(Frankfurter Allgemeine Zeitung).
158 Seiten, Herder/Spektrum 4052

Irmhild Söhl
Tadesse, warum?
Das kurze Leben eines äthiopischen Kindes in einem
deutschen Dorf

„Keine unkritische Selbstbespiegelung einer verzweifelten Mutter,
sondern das Protokoll eines Lebens zwischen allen Fronten. Auch
ein Buch über das Fremdsein in Deutschland" (ZEIT-Magazin).
160 Seiten, Herder/Spektrum 4005

HERDER / SPEKTRUM Das Taschenbuch mit Linie